BuddhAll

BuddhAll.

All is Buddha.

BuddhAll

大日經

主編 洪啟嵩

Mahāvairocana Sūtra

密教根本聖典
進入諸佛壇城密鑰，
即身成佛寶典！

佛法常行經典的出版因緣

佛法常行經典是承繼著佛菩薩經典及三昧禪法經典之後，再編輯的一套佛經系列，希望與前述的兩套經典一般，能夠帶給大眾佛法的甚深喜樂。

常行經典的編輯有兩個方向：一是普遍，本系列所選編的經典是全體佛教或各宗派中，必備的常用經典。二是精要，這些選編的經典不只普遍，而且涵蓋大乘佛法的各系精要，是每一位佛教徒都應該仔細研讀的根本經典。因此，我們除了有些常行經典，如《金剛經》、《心經》、《維摩詰經》等等，已在其他系列中編出，以及部份經典如《華嚴經》、《大寶積經》等，本身可以單獨成套之外，大都匯集於此處出版。

另外，這一套經典的產生，也可以說是教界大德與讀者催生的結果。因為我們開始推出一連串的經典系列，原本是為了推廣佛經閱讀、修持的新運動，希望使佛經成為我們人間生活的指導書，而不只是課誦本而已，並且圓滿「生活即佛經，佛經即生活」的目標。我們認為在這機緣的推動之下，以前可能只有百人完整閱讀過的佛經，會變成千人，乃至萬人閱讀，並使經典成為生活中的內容。而且在我們的編輯策劃下，當一個人他想要依止一位佛、菩薩或一類法門修持時，他只要隨時攜帶一本編纂完成的經典，就可以依教奉行。如果這種方式推廣成功的話，實在是一場閱讀與修行的革命，能使生活與佛法完整的結合。因此，雖然大眾十分訝異於我們竟然有勇氣去推動這麼艱難的工作，但是我們的心中只有歡喜。

也因為這樣的理念，剛開始時，許多常行的流通經典，並沒有列為第一波出版計劃。但是教界大德與讀者們，卻十分期望看到我們編輯這些常行經典的成果，並且能再予普遍推廣。對於他們的肯定，我們心中十分感激，並且從命編出。

正如同《法華經》中所宣說的：偉大的佛陀是以一大事因緣出現於世間，這一大事因緣就是要使眾生開、示、悟、入佛陀的知見。也就是說：佛陀出現於世間的真正目的，就是要我們具足佛陀的智慧，與他一樣成為圓滿的大覺如來。佛陀的大慈大悲深深的感動著我們，也讓我們在半夜之中觀空感泣。佛陀的大願，是那麼廣大，微小的我們要如何去圓滿佛陀的心願呢？現在我們只有用微薄的力量將具足佛陀微妙心語的經典編輯出來，供養給十方諸佛及所有的大德、大眾。

佛法常行經集共編輯成十本，這些經典的名稱如下：

一、妙法蓮華經、無量義經
二、悲華經
三、大乘本生心地觀經、勝鬘師子吼一乘大方便方廣經、大方等如來藏經
四、小品般若波羅蜜經
五、金光明經、金光明最勝王經
六、楞伽阿跋多羅寶經、入楞伽經
七、大佛頂如來密因修證了義諸菩薩萬行首楞嚴經
八、解深密經、大乘密嚴經

九、大毘盧遮那成佛神變加持經

十、金剛頂一切如來真實攝大乘現證大教王經、金剛頂瑜珈中略出念誦經

我們深深期望透過這些經典的導引，讓我們悟入無盡的佛智，得到永遠的幸福光明。

南無　本師釋迦牟尼佛

凡例

一、關於本系列經典的選取，以能彰顯全體佛教或各宗派中，常用必備的經典為主，期使讀者能迅速了解大乘佛法的精要。

二、本系列經典係以日本《大正新修大藏經》（以下簡稱《大藏經》）為底本，而以宋版《磧砂大藏經》（新文豐出版社所出版的影印本，以下簡稱《磧砂藏》）為校勘本，並輔以明版《嘉興正續大藏經》與《大正藏》本身所作之校勘，作為本系列經典之校勘依據。

三、《大藏經》有字誤或文意不順者，本系列經典校勘後，以下列符號表示之：

(一)改正單字者，在改正字的右上方，以「*」符號表示之。如《大乘本生心地觀經》卷一〈序品第一〉之中：

披精進甲報智慧劍，破魔軍衆而擊法鼓《大正藏》

披精進甲執智慧劍，破魔軍衆而擊法鼓《磧砂藏》

校勘改作為：

披精進甲*執智慧劍，破魔軍衆而擊法鼓《大正藏》

(二)改正二字以上者，在改正之最初字的右上方，以「*」符號表示之；並在改正之最末字的右下方，以「☆」符號表示之。

如《小品般若波羅蜜經》卷五〈小如品第十二〉之中：

我等要當令母久壽，身體安隱，無諸苦患、風雨寒熱、蚊虻毒螫？《大正藏》

我等云何令母久壽，身體安隱，無諸苦患、風雨寒熱、蚊虻毒螫？《磧砂藏》

校勘改作為：

我等*云何☆令母久壽，身體安隱，無諸苦患、風雨寒熱、蚊虻毒螫？

四、《大正藏》中有增衍者，本系列經典校勘刪除後，以「①」符號表示之；其中圓圈內之數目，代表刪除之字數。

如《小品般若波羅蜜經》卷三〈泥犁品第八〉之中：

般若波羅蜜力故，五波羅蜜得般若波羅蜜名《大正藏》

般若波羅蜜力故，五波羅蜜得波羅蜜名《磧砂藏》

校勘改作為：

般若波羅蜜力故，五波羅蜜得②波羅蜜名

五、《大正藏》中有脫落者，本系列經典校勘後，以下列符號表示之：

㈠脫落補入單字者，在補入字的右上方，以「⊙」符號表示之。如《解深密經》卷二〈無自性相品第五〉之中：

未熟相續能令成熟《大正藏》

未成熟相續能令成熟《磧砂藏》

校勘改作為：

未⊙成熟相續能令成熟

㈡脫落補入二字以上者，在補入之最初字的右上方，以「⊙」符號表示之；並在補入之最末字的右下方，以「☆」符號表示之。

如《悲華經》卷四〈諸菩薩本授記品第四之二〉之中：

以見我故，寒所有衆生悉得熅樂《大正藏》

以見我故，寒冰地獄所有衆生悉得熅樂《磧砂藏》

校勘改作為：

以見我故，寒⊙冰地獄☆所有衆生悉得熅樂

六、本系列經典依校勘之原則，而無法以前面之各種校勘符號表示清楚者，則以「㊟」表示之，並在經文之後作說明。

七、《大正藏》中，凡不影響經義之正俗字（如：恆、恒）、通用字（如：蓮「華」、蓮「花」）、譯音字（如：目「犍」連、目「乾」連）等彼此不一者，本系列經典均不作改動或校勘。

八、《大正藏》中，凡現代不慣用的古字，本系列經典則以教育部所頒行的常用字取代之（如：讃→讚），而不再詳以對照表說明。

九、凡《大正藏》經文內本有的小字夾註者，本系列經典均以小字雙行表示之。

十、凡《大正藏》經文內之咒語，其斷句以空格來表示。若原文上有斷句序號而未空格時，則本系列經典均於序號之下，加空一格；但若作校勘而有增補空格或刪除原文之空格時，則仍以「◎」、「①」符號校勘之。又原文若無序號亦未斷句者，則維持原樣。

十一、本系列經典之經文，採用中明字體，而其中之偈頌、咒語及願文等，皆採用正楷字體。另若有序文、跋或作註釋說明時，則採用仿宋字體。

十二、本系列經典所作之標點、分段及校勘等，以儘量順於經義為原則，來方便讀者之閱讀。

十三、標點方面，自本系列經典起，表示時間的名詞（或副詞），如：時、爾時等，以不逗開為原則。

大日經序

《大日經》梵名為Mahā-vairocanâbhisaṃbodhi-vikur-vitâdhiṣṭhāna-vaipulya-sūtrêndra-rāja-nāma-dharmaparyāya是我國密教與日本真言宗之最主要聖典。共有七卷是唐．善無畏、一行等譯。詳稱《大毘盧遮那成佛神變加持經》，略稱為《大毘盧遮那成佛經》、《大毘盧遮那經》。「大毘盧遮那」，意為「大日」。本經為密教根本經典之一，與《金剛頂經》同為真言密教的聖典。係大日如來在金剛法界宮為金剛手祕密主等所說。全經七卷，共分三十六品，前六卷三十一品為全經的主體，開示大悲胎藏曼荼羅，後一卷五品揭示供養法。

本經的〈住心品第一〉主要講述密教的基本教相，理論方面的敘述佔大部分；第二〈具緣品〉以下則以有關曼荼羅、灌頂、護摩、印契、真言等實際修法方面的記述為主。本經所開示的主旨在「菩提心為因，大悲為根，方便為究竟」的大悲胎藏曼荼羅。又說菩提即是如實知自心，衆生自心即一切智，須如實觀察，了了證知。

本經的梵文原典現已不存，僅存一些斷片而根據《大日經開題》所載，《大日經》有三本，即一、法爾常恒本：指法身如來及其眷屬恒常不斷說三昧，這是法爾自性之說，故稱為法爾常恒本；二、分流廣本：指龍猛菩薩於南天鐵塔內親承金剛薩埵傳授的十萬頌經；三、略本：即今所傳的七卷三千餘頌經，乃採擇十萬頌之宗要而成。又，有關第七卷，另有不同說法。或謂此卷非大日如來所說，而是文殊菩薩所言。或說該卷有三本：一是塔內相承本，題為《供養次第法》，即龍猛菩薩塔內相承本；二、是龍猛菩薩在開塔以前，於塔外所感得者，題為《要略念誦經》；三、是善無畏在北天竺勃嚕羅國金粟王之塔下所感得者，題為《供養次第法》。

關於本經的傳譯，《開元釋教錄》卷九載：「曩時沙門無行西遊天竺，學畢言歸迴，至北天不幸而卒，所將梵本有勅迎歸，比在西京華嚴寺收掌。無畏與沙門一行，於彼簡得數本梵經並總持妙門，先未曾譯，至十二年隨駕入洛，於大福先寺安置，遂為沙門一行譯《大毘盧遮那經》。其經具足梵本有十萬頌，今所出者撮其要耳。沙門寶月譯語，沙門一行筆受，承旨兼刪綴詞理。」

善無畏於唐．開元十二年（724）所譯者，係此經前六卷，翌年又譯其所攜梵本（一說是善無畏自撰），是為第七卷，前後合為一經。而此第七卷，與菩提金剛所譯《大毘盧遮那佛說要略念誦經》一卷為同本異譯。此外，本經也有西藏譯本，是九世紀初，印度僧西連多拉菩提（Śilendra-bodhi）與西藏翻譯官巴爾謝（Dpal-brtsēgs）合譯而成。全經分內外兩篇，其中內編和漢譯的前六卷相當，內容亦大同小異，但章品的廢立及次第則不同，藏譯本僅分二十九品；外編則分〈寂靜護摩儀軌品〉等七品，合內外編亦為三十六品。但藏譯外編，漢譯全無；而漢譯的第七卷，藏譯以「供養儀軌」之名收在《丹珠爾》之中。本經概要如下：

〈住心品第一〉可視為《大日經》之序品，通論本經之大意。所謂住心是安住於衆生自心之實相，即安住於一切智智中。本品中闡明三句、八心、六十心、三劫、六無畏、十地、十喻等。此三句、八心等因是列舉自心之種種相，總該凡夫心之實相，蓮華胎藏曼荼羅是表現我等心之實相者。

〈入漫荼羅具緣真言品第二〉「入」為趣向、遊履、引入之義，「漫荼羅」意為道場，「具緣」為因緣具足之義。構成道場需擇地，再清淨此地，再選擇吉日良辰等，衆緣必須具足才可。此等衆緣皆以如來之真言加持、變化所成，故名為入漫荼羅真言品。此品中專為說明七日作壇灌頂的軌則。此七日作壇灌頂為方便手段，最後令弟子證入心內本地之漫荼羅。

〈息障品第三〉真言阿闍梨或弟子，在畫漫荼羅或持誦真言時，易生種種障難。本品即闡述除去此障難的方法。究竟障難是從何處發生呢?本品以為種種障難差不多皆是行者內心所生。而產生障難的真因，是因慳貪邪見等，除去此慳貪邪見等時，即為諸障難自消滅去之時。菩提心最能對治此慳貪邪見等障難，行者若常念此菩提心時，就能澈底除去諸障因。

〈普通真言藏品第四〉普通之「通」為遍通，此品所揭示的真言，因為是通一切方便，故稱普通真言。藏為含藏具足，為含藏普通真言之意。

執金剛中，金剛手為上首，菩薩中普賢為上首，於大日如來面前稽首作禮，而於大悲胎藏生大漫荼羅王，演說通達自心中之清淨法界的法門。持誦此等菩薩所開示之真言，由此一法遂能流入無盡法界普門之大漫荼羅王體中。

〈世間成就品第五〉此品闡示世間之息災、增益、敬愛、降伏等之悉地成就。出世間之甚深祕密寶藏，因為不可能以言說示人，故假藉世間有為有相事來喻示法界藏中微妙之深意。

〈悉地出現品第六〉本品及次品揭示成就出世間念願之相，而出現即意味著成就相之出生顯現。世間出世間之一切成相，皆悉是從如來之加持護念力所出生。

〈成就悉地品第七〉有關此品有種種說明，一云：此品為敘述修入之方便。或曰：此品是正明悉地能生之法體之心法。或云：此品中明大菩薩之意處即是漫荼羅，而示法之成就。總之是解明心成就之相。

〈轉字輪漫荼羅行品第八〉轉即旋轉意，即順著陀羅尼旋轉觀誦之意；將此陀羅尼字輪旋轉觀誦，即漫荼羅行。在前品中，敘說「阿」字之妙體作為內心成就相，於此品中，將「阿」字當作百光遍照王，「阿」字之光明成百千萬億字門而顯現，又揭示百千萬億字門歸於「阿」字的旨意。

〈密印品第九〉密是祕密，印為標幟，密印即為法界漫荼羅之標幟。一切諸佛以此法界標幟之密印莊嚴自身，故能成如來之法界身。在前品中揭示口密陀羅尼，於此品中開示身密。此品中所說之印數總計百三十九。

〈字輪品第十〉「字」是梵語，謂為惡刹囉（aksara）之譯，無流轉之義，意為不動而無旋轉。「輪」為轉之義，如世間之輪於旋轉時，切斷一切草木類，此字輪能破一切無明煩惱。惡殺囉為不動之義，不動即指菩提心。菩提心之「阿」字亦是本自不動，而能生出一切眾字。眾字因為是以「阿」字為中軸，而成輻狀，也就是「阿」字之變形。如此之眾字輪在經中稱為遍一切處之法門。經中謂真言行菩薩若住此字輪觀，從初發淨菩提心乃至成佛止，在這期間的自利利他之種種事業，因此法門之加持力，皆可得成就。

〈祕密漫荼羅品第十一〉祕密之「祕」為深祕，「密」為隱密之意，祕密漫荼羅指字輪三昧。大日如來以如來之慧眼，觀察遍一切處之法門已，入法俱del（kosa），從此三昧中顯現法界之無盡莊嚴，利益無餘眾生界。此時，在無盡無餘之眾生界，自佛口發出隨類之音聲，從各個毛孔中顯現隨類應同之身相，同時以字輪詮示如來祕密內證之德。

〈入祕密漫荼羅法品第十二〉本品是揭示能入之人即真言菩薩，能通悟祕密漫荼羅法而至方便。開示真言大阿闍梨耶將使受法弟子入此祕密漫荼羅，以字門法教弟子燒盡業障，而入祕密漫荼羅。

〈入祕密漫荼羅位品第十三〉本品中明示弟子入壇後安住於法佛平等大空位之要旨。所謂漫荼羅位，是意生八葉大蓮華王之義。處此位，能入金剛智體。即真言行菩薩悉淨除一切塵垢，即我人、眾生、壽者、意生、儒量、造立者等之妄執，而於心內現觀意生八葉大蓮華王，其中的如來是一切世間最尊特之身，超越身語意地，證成殊勝悅意之妙果的佛身。

〈祕密八印品第十四〉祕密八印是：大威德生印、金剛不壞印、蓮華藏印、萬德莊嚴印、一切支分生印、世尊陀羅尼印、如來法住印、迅速持印。誦此加持八印及真言時，本尊會依此加持妙力，自然地降臨道場，成就諸念願。

〈持明禁戒品第十五〉持明指六個月持明，禁戒指六個月持誦真言期間內，應護持制戒之意。

〈阿闍犁真實智品第十六〉真實智為「阿」字所生之智，所謂本有之妙智。又為自性清淨內證真實之干栗馱（hṛdaya）心。此品是敘說由此「阿」字出生之心，是阿闍梨真實智，且將「阿」字視為遍一切處之漫荼羅的真言種子。

〈布字品第十七〉行者住於「阿」字淨菩提心地，將一切的字門布置於身之分支，是以行者身顯示成為遍一切處普門法界漫荼羅之意。

〈受方便學處品第十八〉此品揭示方便學處，可為真言行人之用心。學處即指作為大乘菩薩當然應學之處，梵文稱式沙迦羅尼（śikṣākāraṇī），譯為應當學。而其戒相是十善戒、十重禁戒、五戒、四重戒等。

〈說百字生品第十九〉在說上面之真言品時，就應說此品，但是為防止慢法者獨修，故不敘說。此處經文，自「暗」字衍生二十五字，各自施予四轉而成百字。將「暗」字稱為百光遍照王，即為此意。此「暗」字是一切真言之心，於一切真言中，最為尊貴，故稱此為不空教真言。因一切衆生之見聞觸知處或被「暗」一字光明照耀時，皆必成為無上菩提之因緣而無有空過，故名不空。

〈百字果相應品第二十〉上品敘說百光遍照之行儀，此品是揭示遍照果地之萬德。前品是闡述「暗」字百光之圖曼荼羅，此品即與其相應者。今依圖曼荼羅以闡明行果相應。

〈百字位成品第二十一〉所謂百字，其體是「暗」字，「暗」字之光明現百字之相，故稱此為百光遍照王真言。在本品中揭示百字成就相。依「暗」字之加持故，於意生八葉臺上，安住於三三昧耶，因證得金剛微妙之極位，故謂此為祕密中之最祕，難得中之最難得者。

〈百字成就持誦品第二十二〉本品闡述百光遍照王之「暗」字門的持誦法則。

〈百字真言法品第二十三〉於此品中揭示「暗」字字體「阿」字之德。「阿」字是本不生不可得空之義。因諸法本來不可得空，故行者之心，如與此「阿」字義相應，就能達至諸法之源極，具足衆德而得通一切佛法。

〈說菩提性品第二十四〉此品闡述本經之要義。所謂要義，就法而言是淨菩提心，就人而言是中台心王之大日尊。在本品敘說菩提性。「如十方虛空相，常遍一切無所依，如是真言救世者，於一切法無所依。」真言救世者指胎藏曼荼羅之中台尊。真言救世者為諸法之所依，為一切之根源。因為是源處，是一切萬有之本源，其本身固無所依據，故稱無所依。

〈三三昧耶品第二十五〉三三昧即三平等之義。心、智、悲三者平等為一，故名三三昧耶；佛、法、僧三者為一而平等，故曰三三昧耶；法身、報身、應身三者本來平等，故稱三三昧耶；證悟心、佛、衆生三者為無二無別，此亦為三三昧耶之義。三昧耶（samaya）即為平等，一致相應之義。

〈說如來品第二十六〉此品述說菩薩、佛、正覺、如來四者。住於如實菩提心，且樂求彼之菩提者名為菩薩。滿足十地，達至法之無性，上冥會於法身，下契合於六道者名為佛。覺法之無相，圓滿十方者名為正覺。脫離無明之域，安住於自性智者曰如來。

〈世出世護摩法品第二十七〉護摩（homa）譯作燒供。此品揭示外道護摩有四十四種。佛法之外護摩有十三種，並列舉內護摩、外護摩之衆緣支分及內護摩作業。具足外緣事而行稱為外護摩。又住於瑜伽之妙觀，而燒盡行者之煩惱垢者是大日如來之智火，如來之智火是行者自心本具之智光，觀此本尊大日如來及行者與爐火為本來平等，稱此為內護摩。

〈本尊三昧品第二十八〉此品揭示本尊有字、印、形之別，而字更有聲及菩提心之別，印有無形及有形之別，形更有清淨與非清淨之別。此中凝滯於有相的，是作為念願成就之結果者，為得有相悉地；而體達至無相，是為得無相悉地。無相悉地意為得佛果。

〈說無相三昧品第二十九〉本經中前已揭示之三密妙行也皆因緣所生，如因緣滅，妙行也滅，故知三密妙行本無自性。妙行因其自體無自性，故不生不滅。因不生不滅故阿字成為契合於本不生際之深理。為使攝於實我實法見解之凡夫行者悟入無相一實之法體，依有相三密之行相，受無相阿字門之誘導，而使歸入平等絕對之圓明者，為本經之要旨綱目。故真言行雖修有相三密之妙行，但心機一轉而入無相平等之妙觀，此為至極者。

〈世出世持誦品第三十〉真言法中有世間及出世間之別。世間持誦指以世間之福樂長壽等為目的的修法。出世間持誦是斷煩惱妄想，而以得佛果為目的。持誦是等持口誦之意，將行者的心念專注於本尊，口誦為本尊誓要的真言。持誦本尊真言時，有心意念誦及出入息念誦之別。此為真言行成就之常規，若與此相反時，則徒勞而無效。

〈囑累品第三十一〉囑累之「囑」為付囑之義，「累」為繼承之意。謂將此妙法付囑於弟子，使繼承法脈至千歲。但，弟子必須是法器者。傳授密法需嚴擇人、時、地，阿闍梨若怠忽嚴擇，災禍及身，此需嚴持警覺。

〈供養念誦三昧耶法門真言行學處品第一〉廣明真言行者之用心，欲成就自利利他之願行，是為證得無上智願，是以提示真言行者修行之要點，作為得此無上智願之方法。種種真言行法發生事，且於真言行中為何應以信解為主等，此品中均有詳述。

〈增益守護清淨行品第二〉清淨行是真言持誦者之精要，若依此清淨行將得世間出世間之勝妙果。日夜住於念慧，起臥照法則所示，必須注意不可放逸。放逸是罪惡之根，障害之源。清淨六根，對無邊無盡的衆生界懷著慈悲忍辱之心，勸誘彼等於佛一乘道，使發起上求菩提之念；又定齋室空靜處為住處，其中安置本尊及勝妙聖典，供妙花，燃淨香，應於心中現觀十方三世諸聖等，為本品所明。

〈供養儀式品第三〉淨身於正業，住於定，念本尊，依真言及印契，從本尊所在之國土招請本尊，如念誦行法完了，奉送本尊回本土等，皆依真言、印契及觀想來行此儀式。並且妙行中因易生魔障，故應仰請不動明王為守護者，可念願求其冥助等，此品中均有說明。

〈持誦法則品第四〉此品揭示行者持誦真言時，應觀「佉」字於其頂，次觀「暗」字於頸內，而後持誦本尊真言，依加持力而成就諸願，且謂持誦時可依時與相。時是持誦要定日限而行，相則是顯現罪障淨除的徵兆。

〈真言事業品第五〉真言行者加持自身而成金剛薩埵，思佛菩薩等無量功德，於無盡衆生界，起大悲心，將所修之善根回向於法界衆生，自利利他。

有關本經的註疏，中文方面有一行的《大毘盧遮那成佛經疏》二十卷、《大毘盧遮那成佛經義釋》十四卷，此為本經最重要的疏釋。此外又有新羅・不可思議的《大毘盧遮那供養次第法疏》二卷，註釋本經第七卷。《西藏大藏經》丹珠爾中，收有佛密《毘盧遮那現等覺大怛荼羅注釋》等註釋本。此外，日僧空海有《大日經開題》一卷、圓仁有《大毘盧遮那成道經心目》一卷。

目錄

大毘盧遮那成佛神變加持經

大毘盧遮那成佛神變加持經卷第一

大唐天竺三藏善無畏共沙門一行譯

入真言門住心品第一

如是我聞：一時，薄伽梵住如來加持廣大金剛法界宮，一切持金剛者皆悉集會。如來信解遊戲神變生大樓閣寶王，高無中邊，諸大妙寶王種種間飾，菩薩之身為師子座。其金剛名曰：虛空無垢執金剛、虛空遊步執金剛、虛空生執金剛、被雜色衣執金剛、善行步執金剛、住一切法平等執金剛、哀愍無量衆生界執金剛、那羅延力執金剛、大那羅延力執金剛、妙執金剛、勝迅執金剛、無垢執金剛、刃迅執金剛、如來甲執金剛、如來句生執金剛、住無戲論執金剛、如來十力生執金剛、無垢眼執金剛、金剛手祕密主，如是上首十佛剎微塵數等持金剛衆俱，及普賢菩薩、慈氏菩薩、妙吉祥菩薩、除一切蓋障菩薩等諸大菩薩，前後圍繞而演說法，所謂越三時如來之日加持故，身語意平等句法門。時彼菩薩普賢為上首，諸執金剛祕密主為上首，毘盧遮那如來持故，奮迅示現身無盡莊嚴藏，如是奮迅示現語、意平等無盡莊嚴藏，非從毘盧遮那佛身、或語、或意生，一切處起滅邊際不可得。而毘盧遮那一切身業、一切語業、一切意業，一切處、一切時於有情界宣說真言道句法。又現執金剛、普賢、蓮華手菩薩等像貌，普於十方宣說真言道清淨句法，所謂初發心乃至十地，次第此生滿足緣業生增長有情類業壽種，除復有*芽種生起。

爾時執金剛祕密主於彼衆會中，坐白佛言：「世尊！云何如來、應供、正遍知得一切智智，彼得一切智智，為無量衆生廣演分布，隨種種趣、種種性欲、種種方便道，宣說一切智智，或聲聞乘道，或緣覺乘道，或大乘道，或五通智道，或願生天，或生人中及龍、夜叉、乾闥婆，乃至說生摩睺羅伽法。若有衆生應佛度者即現佛身，或現聲聞身，或現緣覺身，或菩薩身，或梵天身，或那羅延毘沙門身，乃至摩睺羅伽、人非人等身，各各同彼言音，住種種威儀，而此一切智智道一味，所謂如來解脫味。世尊！譬如虛空界離一切分別，無分別無無分別，如是一切智智離一切分別，無分別無無分別。世尊！譬如大地一切眾生依，如是一切智智天人阿脩羅依。世尊！譬如火界燒一切薪無厭足，如是一切智智燒一切無智薪無厭足。世尊！譬如風界除一切塵，如是一切智智除去一切諸煩惱塵。世尊！喻如水界一切眾生依之歡樂，如是一切智智為諸天世人利樂。世尊！如是智慧，以何為因？云何為根？云何究竟？」

如是說已，毘盧遮那佛告持金剛祕密主言：「善哉！善哉！執金剛！善哉！金剛手！汝問吾如是義，汝當諦聽，極善作意，吾今說之。」

金剛手言：「如是，世尊！願樂欲聞。」

佛言：「菩提心為因，悲為根本，方便為究竟。祕密主！云何菩提？謂如實知自心。祕密主！是阿耨多羅三藐三菩提，乃至彼法少分無有可得。何以故？虛空相是菩提，無知解者，亦無開曉。何以故？菩提無相故。祕密主！諸法無相，謂虛空相。」

爾時金剛手復白佛言：「世尊！誰尋求一切智？誰為菩提成正覺者？誰發起一切智智？」

佛言：「祕密主！自心尋求菩提及一切智。何以故？本性清淨故。心不在內，不在外及兩中間，心不可得。祕密主！如來、應、正等覺，非青、非黃、非赤、非白、非紅、紫、非水精色、非長、非短、非圓、非方、非明、非暗、非男、非女、非不男女。祕密主！心非欲界同性，非色界同性，非無色界同性，非天、龍、夜叉、乾闥婆、阿脩羅、迦樓羅、緊那羅、摩睺羅伽、人非人趣同性。祕密主！心不住眼界，不住耳、鼻、舌、身、意界，非見非顯現。何以故？虛空相心離諸分別無分別。所以者何？性同虛空即同於心，性同於心即同菩提。如是，祕密主！心、虛空界、菩提三種無二，此等悲為根本，方便波羅蜜滿足。是故，祕密主！我說諸法如是，令彼諸菩薩眾菩提心清淨，知識其心。祕密主！若族姓男、族姓女欲識知菩提，當如是識知自心。祕密主！云何自知心？謂若分段，或顯色、或形色，或境界，若色，若受、想、行、識，若我，若我所，若能執，若所執，若清淨，若界，若處，乃至一切分段中，求不可得。祕密主！此菩薩淨菩提心門，名初法明道。菩薩住此修學，不久勤苦便得除一切蓋障三昧，若得此者則與諸佛菩薩同等住，當發五神通，獲無量語言音陀羅尼，知眾生心行，諸佛護持，雖處生死而無染著，為法界眾生不辭勞倦，成就住無為戒，離於邪見通達正見。復次，祕密主！住此除一切蓋障菩薩，信解力故不久勤修，滿足一切佛法。祕密主！以要言之，是善男子、善女人無量功德皆得成就。」

爾時執金剛祕密主復以偈問佛：

云何世尊說，　此心菩提生？　復以云何相，　知發菩提心？
願識心心勝，　自然智生說！　大勤勇幾何？　次第心續生，
心諸相與時，　願佛廣開演！　功德聚亦然，　及彼行修行，
心心有殊異，　惟大牟尼說！

如是說已，摩訶毘盧遮那世尊告金剛手言：

善哉佛真子！　廣大心利益，　勝上大乘句，　心續生之相。
諸佛大秘密，　外道不能識，　我今悉開示，　一心應諦聽。
越百六十心，　生廣大功德，　其性常堅固，　知彼菩提生。
無量如虛空，　不染污常住，　諸法不能動，　本來寂無相。
無量智成就，　正等覺顯現，　供養行修行，　從是初發心。

「祕密主！無始生死愚童凡夫，執著我名、我有，分別無量我分。祕密主！若彼不觀我之自性，則我、我所生，餘復計有時、地等變化、瑜伽我、建立淨、不建立無淨、若自在天、若流出及時、若尊貴、若自然、若內我、若人量、若遍嚴、若壽者、若補特伽羅、若識、若阿賴耶、知者、見者、能執、所執、內知、外知、社怛梵、意生、儒童、常定生、聲非聲。祕密主！如是等我分，自昔以來，分別相應希求順理解脫。祕密主！愚童凡夫類猶如羝羊，或時有一法想生，所謂持齋，彼思惟此少分，發起歡喜數數修習。祕密主！是初種子善業發生。復以此為因，於六齋日施與父母男女親戚，是第二*芽種。復以此施，授與非親識者，是第三疱種。復以此施，與器量高德者，是第四葉種。復以此施，歡喜授與伎樂人等及獻尊宿，是第五敷華。復以此施，發親愛心而供養之，是第六成果。復次，祕密主！彼護戒生天，是第七受用種子。

「復次，祕密主！以此心生死流轉，於善友所聞如是言，此是天、大天、與一切樂者，若虔誠供養，一切所願皆滿，所謂自在天、梵天、那羅延天、商羯羅天、黑天、自在①天、日天、月天、龍尊等，及俱吠濫、毘沙門、釋迦、毘樓博叉、毘首羯磨天、閻魔、閻魔后、梵天、⊙梵天☆后，世所宗奉。火天、迦樓羅子天、自在天后、波頭摩、德叉迦龍、和修吉、商佉、羯句啅劍、大蓮、俱里劍、摩訶泮尼、阿地提婆、薩陀、難陀等龍，或天仙、大圍陀論師，各各應善供養。彼聞如是，心懷慶悅，殷重恭敬隨順修行。祕密主！是名愚童異生生死流轉無畏依，第八嬰童心。祕密主！復次，殊勝行隨彼所說中殊勝住，求解脫慧生，所謂常、無常空，隨順如是說。祕密主！非彼知解空非空、常斷、非有、非無，俱彼分別、無分別，云何分別空？不知諸空，非彼能知涅槃，是故應了知空離於斷常。」

爾時金剛手復請佛言：「惟願世尊說彼心。」

如是說已，佛告金剛手祕密主言：「祕密主諦聽！心相謂：貪心、無貪心、瞋心、慈心、癡心、智心、決定心、疑心、暗心、明心、積聚心、鬪心、諍心、無諍心、天心、阿修羅心、龍心、人心、女心、自在心、商人心、農夫心、河心、陂池心、井心、守護心、慳心、狗心、狸心、迦樓羅心、鼠心、歌詠心、舞心、擊鼓心、室宅心、師子心、鵂鶹心、烏心、羅刹心、刺心、窟心、風心、水心、火心、泥心、顯色心、板心、迷心、毒藥心、羂索心、械心、雲心、田心、鹽心、剃刀心、須彌等心、海等心、穴等心、受生心。

「祕密主！彼云何貪心？謂隨順染法。云何無貪心？謂隨順無染法。云何瞋心？謂隨順怒法。云何慈心？謂隨順修行慈法。云何癡心？謂隨順修不觀法。云何智心？謂順修殊勝增上法。云何決定心？謂尊教命，如說奉行。云何疑心？謂常收持不定等事。云何闇心？謂於無疑慮法生疑慮解。云何明心？謂於不疑慮法無疑慮修行。云何積聚心？謂無量為一為性。云何鬪心？謂互相是非為性。云何諍心？謂於自己而生是非。云何無諍心？謂是非俱捨。

「云何天心？謂心思隨念成就。云何阿修羅心？謂樂處生死。云何龍心？謂思念廣大資財。云何人心？謂思念利他。云何女心？謂隨順欲法。云何自在心？謂思惟欲我一切如意。云何商人心？謂順修初收聚後分析法。云何農夫心？謂隨順初廣聞而後求法。云何河心？謂順修依因二邊法。云何陂池心？謂隨順渴無厭足法。云何井心？謂如是思惟深復甚深。云何守護心？謂唯此心實，餘心不實。云何慳心？謂隨順為己，不與他法。

「云何狸心？謂順修徐進法。云何狗心？謂得少分以為喜足。云何迦樓羅心？謂隨順朋黨羽翼法。云何鼠心？謂思惟斷諸繫縛。云何舞心？謂修行如是法，我當上昇種種神變。云何擊鼓心？謂修順是法，我當擊法鼓。云何室宅心？謂順修自護身法。云何師子心？謂修行一切無怯弱法。云何鵂鶹心？謂常暗夜思念。云何烏心？謂一切處驚怖思念。云何羅剎心？謂於善中發起不善。

「云何刺心？謂一切處發起惡作為性。云何窟心？謂順修為入窟法。云何風心？謂遍一切處發起為性。云何水心？謂順修洗濯一切不善法。云何火心？謂熾盛炎熱性。云何顯色心？謂類彼為性。云何板心？謂順修隨量法，捨棄餘善故。云何迷心？謂所執異所思異。云何毒藥心？謂順修無生分法。云何羂索心？謂一切處住於我縛為性。云何械心？謂二足止住為性。云何雲心？謂常作降雨思念。云何田心？謂常如是修事自身。云何鹽心？謂所思念，彼復增加思念。云何剃刀心？謂唯如是依止剃除法。云何彌盧等心？謂常思惟心高舉為性。云何海等心？謂常如是受用自身而住。云何穴等心？謂先決定彼後復變改為性。云何受生心？謂諸有修習行業，彼生心如是同性。

「祕密主！一、二、三、四、五，再數凡百六十心，越世間三妄執，出世間心生，謂如是解唯蘊無我，根境界淹留修行，拔業煩惱株杌，無明種子生十二因緣，離建立宗等，如是湛寂，一切外道所不能知，先佛宣說，離一切過。祕密主！彼出世間心住蘊中，有如是慧隨生，若於蘊等發起離著，當觀察聚沫、浮泡、芭蕉、陽焰、幻等而得解脫，謂蘊、處、界、能執、所執皆離法性，如是證寂然界，是名出世間心。祕密主！彼離違順八心相續業煩惱網，是超越一劫瑜祇行。

「復次，祕密主！大乘行發無緣乘心法無我性。何以故？如彼往昔如是修行者，觀察蘊阿賴耶，知自性如幻、陽焰、影、響、旋火輪、乾闥婆城。祕密主！彼如是捨無我，心主自在，覺自心本不生。何以故？祕密主！心前後際不可得故，如是知自心性，是超越二劫瑜祇行。

「復次，祕密主！真言門修行菩薩行諸菩薩，無量無數百千俱胝那庾多劫，積集無量功德智慧，具修諸行無量智慧方便皆悉成就，天人世間之所歸依，出過一切聲聞、辟支佛地，釋提桓因等親近敬禮。所謂空性、離於根境、無相、無境界、越諸戲論、等虛空無邊一切佛法依此相續生，離有為、無為界，離諸造作，離眼、耳、鼻、舌、身、意，極無自性心生。祕密主！如是初心，佛說成佛因故，於業煩惱解脫，而業煩惱具依，世間宗奉常應供養。復次，祕密主！信解行地觀察三心，無量波羅蜜多慧觀四攝法。信解地無對、無量、不思議，*建立☆十心無邊智生，我一切諸有所說皆依此而得，是故智者當思惟此一切智信解地，復越一劫昇住此地，此四分之一度於信解。」

爾時執金剛祕密主白佛言：「世尊！願救世者演說心相，菩薩有幾種得無畏處？」

如是說已，摩訶毘盧遮那世尊告金剛手言：「諦聽！極善思念。祕密主！彼愚童凡夫修諸善業害不善業，當得善無畏。若如實知我，當得身無畏。若於取蘊所集我身，捨自色像觀，當得無我無畏。若害蘊住法攀緣，當得法無畏。若害法住無緣，當得法無我無畏。若復一切蘊界處能執所執、我壽命等，及法無緣空，自性無性，此空智生，當得一切法自性平等無畏。祕密主！若真言門修菩薩行諸菩薩，深修觀察十緣生句，當於真言行通達作證。云何為十？謂如幻、陽焰、夢、影、乾闥婆城、響、水月、浮泡、虛空華、旋火輪。祕密主！彼真言門修菩薩行諸菩薩，當如是觀察。

「云何為幻？謂如呪術、藥力，能造所造種種色像，惑自眼故見希有事，展轉相生往來十方，然彼非去、非不去。何以故？本性淨故。如是真言幻，持誦成就能生一切。復次，祕密主！陽焰性空，彼依世人妄想成立有所談議，如是真言想唯是假名。復次，祕密主！如夢中所見，晝日牟呼栗多、刹那、歲時等住，種種異類受諸苦樂，覺已都無所見，如是夢真言行應知亦爾。復次，祕密主！以影喻解了真言，能發悉地，如面緣於鏡而現面像，彼真言悉地當如是知。復次，祕密主！以乾闥婆城譬，解了成就悉地宮。復次，祕密主！以響喻解了真言聲，如緣聲有響，彼真言者當如是解。復次，祕密主！如因月出故，照於淨水而現月影像，如是真言水月喻，彼持明者當如是說。復次，祕密主！如天降雨生泡，彼真言悉地種種變化當知亦爾。復次，祕密主！如空中無衆生、無壽命，彼作者不可得，以心迷亂故，而生如是種種妄見。復次，祕密主！譬如火燼，若人執持在手，而以旋轉空中，有輪像生。

「祕密主！應如是了知大乘句、心句、無等等句、必定句、正等覺句、漸次大乘生句，當得具足法財，出生種種工巧大智，如實遍知一切心想。」

入漫*荼羅具緣真言品第二之一

爾時執金剛祕密主白佛言：「希有！世尊！說此諸佛自證三菩提不思議法界超越心地，以種種方便道為眾生類，如本性信解而演說法。惟願世尊次說修真言行，大悲胎藏生大漫*荼羅王，為滿足彼諸未來世無量眾生，為救護安樂故。」

爾時薄伽梵毘盧遮那於大眾會中遍觀察已，告執金剛祕密主言：「諦聽！金剛手！今說修行漫*荼羅行，滿足一切智智法門。」

爾時毘盧遮那世尊本昔誓願成就無盡法界度脫無餘眾生界故，一切如來同共集會，漸次證入大悲藏發生三摩地。世尊一切支分皆悉出現如來之身，為彼從初發心乃至十地諸眾生故，遍至十方還來佛身本位，本位中住而復還入。

時薄伽梵復告執金剛祕密主言：「諦聽！金剛手！漫*荼羅位初阿闍梨應發菩提心，妙慧慈悲兼綜眾藝，善巧修行般若波羅蜜，通達三乘，善解真言實義，知眾生心，信諸佛菩薩，得傳教灌頂等，妙解漫*荼羅畫，其性調柔離於我執，於真言行善得決定，究習瑜伽，住勇健菩提心。祕密主！如是法則阿闍梨，諸佛菩薩之所稱讚。復次，祕密主！彼阿闍梨若見眾生堪為法器，遠離諸垢有大信解，勤勇深信常念利他，若弟子具如是相貌者，阿闍梨應自往勸發，如是告言：

佛子此大乘，真言行道法，我今正開演，為彼大乘器。
過去等正覺，及與未來世，現在諸世尊，住饒益眾生。
如是諸賢者，解真言妙法，勤勇獲種智，坐無相菩提。
真言勢無比，能摧彼大力，極忿怒魔軍，釋師子救世。
是故汝佛子，應以如是慧，方便作成就，當獲薩婆若。
行者悲念心，發起令增廣，彼堅住受教，當為擇平地。
山林多華果，悅意諸清泉，諸佛所稱歎，應作圓壇事。
或在河流處，鵞雁等莊嚴，彼應作慧解，悲生漫*荼羅。
正覺緣導師，聖者聲聞眾，曾遊此地分，佛常所稱譽。
及餘諸方所，僧坊阿練若，華房高樓閣，勝妙諸池苑。

制底火神祠，　牛欄河渾中，　諸天廟空室，　仙人得道處。
如上之所說，　或所意樂處，　利益弟子故，　當畫漫*荼羅。

「祕密主！彼揀擇地，除去礫石、碎瓦、破器、髑髏、毛髮、糠糟、灰炭、刺骨、朽木等，及蟲蟻、蜣蜋、毒螫之類，離如是諸過，遇良日晨，定日時分，宿直諸執皆悉相應。於食前時值吉祥相，先當為一切如來作禮，以如是偈警發地神：

汝天親護者，　於諸佛導師，　修行殊勝行，　淨地波羅蜜。
如破魔軍衆，　釋師子救世，　我亦降伏魔，　我畫漫*荼羅。

「彼應長跪，舒手按地頻誦此偈，以塗香華等供養，供養已，真言者復應歸命一切如來，然後治地，如其次第，當具衆德。」

爾時執金剛祕密主頭面禮世尊足而說偈言：

佛法離諸相，　法住於法位，　所說無譬類，　無相無為作。
何故大精進，　而說此有相，　及與真言行，　不順法然道？

爾時薄伽梵，毘盧遮那佛，告執金剛手：善聽法之相。
法離於分別，及一切妄想，若淨除妄想，心思諸起作。
我成最正覺，究竟如虛空，凡愚所不知，邪妄執境界。
時方相貌等，樂欲無明覆，度脫彼等故，隨順方便說。
而實無時方，無作無造者，彼一切諸法，唯住於實相。
復次祕密主！於當來世時，劣慧諸眾生，以癡愛自蔽。
唯依於有*相，恒樂諸斷常，時方所造業，善不善諸相。
盲冥樂求果，不知解此道，為度彼等故，隨順說是法。

「祕密主！如是所說處所，隨在一地治令堅固，取未至地瞿摩夷及瞿摸怛羅和合塗之，次以香水真言灑淨，即說真言曰：

南麼三曼多勃馱喃（一凡真言中有平聲字皆稍上聲呼之以下准此） 阿鉢囉（二合）底（丁以反下同）三迷（二） 伽伽那三迷（三） 三麼多奴揭帝（四） 鉢囉（二合）吃嘌（二合）底微輸（上）睇（五） 達摩馱睹微戍達儞（六） 莎訶

行者次於中，定意觀大日，處白蓮華座，髮髻以為冠。

放種種色光，　通身悉周遍，　復當於正受，　次想四方佛。
東方號寶幢，　身色如日暉；　南方大勤勇，　遍覺華開敷，
金色放光明，　三昧離諸垢；　北方不動佛，　離惱清涼定；
西方仁勝者，　是名無量壽，　持誦者思惟，　而住於佛室。
當受持是地，　以不動大名，　或用降三世，　一切利成就。
白檀以塗畫，　圓妙漫*荼羅，　中第一我身，　第二諸救世，
第三同彼等，　佛母虛空眼，　第四蓮華手，　第五執金剛，
第六不動尊，　想念置其下。　奉塗香華等，　思念諸如來，
至誠發殷重，　演說如是偈：　諸佛慈悲者，　存念我等故，
明日受持地，　并佛子當降。

「如是說已，復當誦此真言曰：

南麼三曼多勃馱喃一　薩婆怛他蘖多二引　地瑟姹二合那引地瑟祉二合帝三　阿者麗四
微麼麗五　娑麼二合囉嬭六平　鉢囉二合吃嘌二合底丁以反鉢囉履輸上睇七　莎訶八

持真言行者，　次發悲念心，　依於彼西方，　繫念以安寢。
思惟菩提心，　清淨中無我，　或於夢中見，　菩薩大名稱。
諸佛無有量，　現作眾事業，　或以安慰心，　勸囑於行者。
汝念眾生故，　造作漫*荼羅，　善哉摩訶薩！　所畫甚微妙。
復次於餘日，　攝受應度人，　若弟子信心，　生種姓清淨。
恭敬於三寶，　深慧以嚴身，　堪忍無懈倦，　尸羅淨無缺。
忍辱不慳恪，　勇健堅行願，　如是應攝取，　餘則無所觀。
或十或八七，　或五二一四，　當作於灌頂，　若復數過此。」

爾時金剛手祕密主復白佛言：「世尊！當云何名此漫*荼羅？漫*荼羅者其義云何？」

佛言：「此名發生諸佛漫*荼羅。極無比味，無過上味，是故說為漫*荼羅。又，祕密主！哀愍無邊眾生界故，是大悲胎藏生漫*荼羅廣義。祕密主！如來於無量劫，積集阿耨多羅三藐三菩提之所加持，是故具無量德，當如是知。祕密主！非為一衆生故，如來成正等覺，亦非二、非多，為憐愍無餘記及有餘記諸衆生界故，如來成正等覺，以大悲願力於無量衆生界，如其本性而演說法。祕密主！無大乘宿習，未曾思惟真言乘行，彼不能少分見聞歡喜信受。又，金剛薩埵！若彼有情，昔於大乘真言乘道無量門進趣已曾修行，為彼等故限此造立名數。彼阿闍梨亦當以大悲心立如是誓願，為度無餘衆生界故，應當*攝受☆無量衆生作菩提種子因緣。」

持真言行者，　如是攝受已，　命彼三自歸，　令說悔先罪。
奉塗香華等，　供養諸聖尊，　應授彼三世，　無障礙智戒。
次當授齒木，　若優曇鉢羅，　或阿說他等，　結護而作淨。
香華以莊嚴，　端直順本末，　東面或北面，　嚼已而擲之。
當知彼衆生，　成器非器相，　三結修多羅，　次繫等持臂。
如是受弟子，　遠離諸塵垢，　增發信心故，　當隨順說法。
慰喻堅其意，　告如是偈言：　汝獲無等利，　位同於大我。

一切諸如來，此教菩薩衆，皆已攝受汝，成辦於大事。
汝等於明日，當得大乘生。如是教授已，或於夢寐中，
覩見僧住處，園林悉嚴好，堂宇相殊特，顯敞諸樓觀。
幢蓋摩尼珠，寶刀悅意華，女人鮮白衣，端正色姝麗。
密親或善友，男子如天身，群牛豐㹀乳，經卷淨無垢。
遍知因緣覺，并佛聲聞衆，大我諸菩薩，現前授諸果。
度大海河池，及聞所樂聲，空中言吉祥，當與意樂果。
如是等好相，宜應諦分別，與此相違者，當知非善夢。
善住於戒者，晨起白師已，師說此句法，勸發諸行人：
此殊勝願道，大心摩訶衍，汝今能志求，當成就如來。
自然智大龍，世間敬如塔，有無悉超越，無垢同虛空。
諸法甚深奧，難了無含藏，離一切妄想，戲論本無故。
作業妙無比，常依於二諦，是乘殊勝願，汝當住斯道。

爾時住無戲論執金剛白佛言：「世尊！願說三世無礙智戒，若菩薩住此者，令諸佛菩薩皆歡喜故。」

如是說已，佛告住無戲論執金剛等言：「佛子！諦聽！若族姓子住是戒者，以身、語、意合為一，不作一切諸法。云何為戒？所謂觀察捨於自身，奉獻諸佛菩薩。何以故？若捨自身則為捨彼三事。云何為三？謂身、語、意。是故，族姓子！以受身、語、意戒，得名菩薩。所以者何？離彼身、語、意故，菩薩摩訶薩應如是學。

「次於明日以金剛薩埵加持自身，為世尊毘盧遮那作禮，應取淨瓶盛滿香水，持誦降三世真言而用加之，置初門外，用灑是諸人等，彼阿闍梨以淨香水授與令飲，彼心清淨故。」

爾時執金剛祕密主以偈問佛：

種智說中尊，　願說彼時分，　大衆於何時，　普集現靈瑞？
漫*荼羅闍梨，　慇懃持真言。　爾時薄伽梵，　告持金剛慧：

常當於此夜，而作漫*荼羅，傳法阿闍梨，如是應次取。
五色修多羅，稽首一切佛，大毘盧遮那，親自作加持。
東方以為首，對持修多羅，至齊而在空，漸次右旋轉。
如是南及西，終竟於北方。第二安立界，亦從初方起。
憶念諸如來，所行如上說，右方及後方，復周於勝方。
阿闍梨次迴，依於涅哩底，受學對持者，漸次以南行。
從此右旋遶，轉依於風方，師位移本處，而居於火方。
持真言行者，復修如是法，弟子在西南，師居伊舍尼。
學者復旋遶，轉依於火方，師位移本處，而住於風方。
如是真言者，普作四方相，漸次入其中，三位以分之。
已表三分位，地相普周遍，復於一一分，差別以為三。
是中最初分，作業所行道，其餘中後分，聖天之住處。
方等有四門，應知其分劑，誠心以殷重，運布諸聖尊。

如是造衆相，均調善分別，內心妙白蓮，胎藏正均等。
藏中造一切，悲生漫*荼羅，十六央具梨，過此是其量。
八葉正圓滿，鬚蘂皆嚴好，金剛之智印，遍出諸葉間。
從此華臺中，大日勝尊現，金色具暉曜，首持髮髻冠。
救世圓滿光，離熱住三昧。彼東應畫作，一切遍知印，
三角蓮華上，其色皆鮮白，光焰遍圍遶，皓潔普周遍。
次於其北維，導師諸佛母，晃曜真金色，縞素以為衣，
遍照猶日光，正受住三昧。復於彼南方，救世佛菩薩，
大德聖尊印，號名滿衆願，真陀摩尼珠，住於白蓮華。
北方大精進，觀世自在者，光色如皓月，商佉軍那華，
微笑坐白蓮，髻現無量壽。彼右大名稱，聖者多羅尊，
青白色相雜，中年女人狀。合掌持青蓮，圓光靡不遍，
暉發猶淨金，微笑鮮白衣。右邊毘俱胝，手垂數珠鬘，

三目持髮髻，尊形猶皓素，圓光色無主，黃赤白相入。
次近毘俱胝，晝得大勢尊，彼服商佉色，大悲蓮華手，
滋榮而未敷，圍遶以圓光。明妃住其側，號持名稱者，
一切妙瓔珞，莊嚴金色身，執鮮妙華枝，左持鉢胤遇。
近聖者多羅，住於白處尊，髮冠襲純帛，鉢曇摩華手。
於聖者前作，大力持明王，晨朝日暉色，白蓮以嚴身，
赫奕成焰鬘，吼怒牙出現，利爪獸王髮，何耶揭利婆，
如是三摩地，觀音諸眷屬。復次華臺表，大日之右方，
能滿一切願，持金剛慧者，鉢孕遇華色，或復如綠寶，
首戴衆寶冠，瓔珞莊嚴身，間錯互嚴飾，廣多數無量，
左執跋折羅，周環起光焰，金剛藏之右，所謂忙莽雞，
亦持堅慧杵，嚴身以瓔珞。彼右次應置，大力金剛針，
使者衆圍遶，微笑同瞻仰。聖者之左方，金剛商竭羅，

執持金剛鎖，自部諸使俱，其身淺黃色，智杵為幖幟。
於執金剛下，忿怒降三世，摧伏大障者，號名月黶尊。
三目四牙現，夏時雨雲色，阿吒吒笑聲，金剛寶瓔珞，
攝護眾生故，無量眾圍遶，乃至百千手，操持眾器械，
如是忿怒等，皆住蓮華中。次往西方畫，無量持金剛，
種種金剛印，形色各差別。普放圓滿光，為諸眾生故，
真言主之下，依涅哩底方，不動如來使，持慧刀羂索，
頂髮垂左肩，一目而諦觀，威怒身猛焰，安住在盤石，
面門水波相，充滿童子形，如是具慧者，次應往風方。
復畫忿怒尊，所謂勝三世，威猛焰圍遶，寶冠持金剛，
不顧自身命，專請而受教。已說初界域，諸尊方位等，
持真言行人，次往第二院。東方初門中，畫釋迦牟尼，
圍遶紫金色，具三十二相，被服袈裟衣，坐白蓮華臺，

為令教流布，住彼而說法。次於世尊右，顯示遍知眼，
熙怡相微笑，遍體圓淨光，喜見無比身，是名能寂母。
復於彼尊右，圖寫毫相明，住鉢頭摩華，圓照商佉色，
執持如意寶，滿足眾希願，暉光大精進，救世釋師子。
聖尊之左方，如來之五頂，最初名白傘，勝頂最勝頂，
眾德火光聚，及與捨除頂，是名五大頂，大我之釋種，
應當依是處，精心造眾相。次於其北方，布列淨居眾，
自在與普華，光鬘及意生，名稱遠聞等，各如其次第。
於毫相之右，復畫三佛頂，初名廣大頂，次名極廣大，
及無邊音聲，皆應善安立。五種如來頂，白黃真金色，
復次三佛頂，白黃赤兼備，其光普深廣，眾瓔珞莊嚴，
所發弘誓力，一切願皆滿。行者於東隅，而作火仙像，
住於熾焰中，三點灰為標，身色皆深赤，心置三角印，

而在圓焰中，持珠及澡瓶。右方閻摩王，手秉壇拏印，
水牛以為座，震電玄雲色。七母并黑夜，妃后等圍繞。
涅哩底鬼王，執刀恐怖形，縛嚕拏龍王，羂索以為印，
初方釋天王，安住妙高山。寶冠被瓔珞，持跋折羅印，
及餘諸眷屬，慧者善分布。左置日天衆，在於輿輅中，
勝無勝妃等，翼從而侍衛。大梵在其右，四世持髮冠，
唵字相為印，執蓮在鵝上。西方諸地神，辯才及毘紐，
塞建那風神，商羯羅月天，是等依龍方，畫之勿遺謬。
持真言行者，以不迷惑心，佛子次應作，持明大忿怒。
右號無能勝，左無能勝妃，持地神奉瓶，虔敬而長跪。
及二大龍王，難陀拔難陀，對處廂曲中，通門之大護。
所餘釋種尊，真言與印壇，所說一切法，師應具開示。
持真言行者，次至第三院，先圖妙吉祥，其身鬱金色，

五髻冠其頂，猶如童子形。左持青蓮華，上表金剛印，
慈顏遍微笑，坐於白蓮臺，妙相圓普光，周匝互暉映。
右邊應次畫，網光童子身，執持衆寶網，種種妙瓔珞，
住寶蓮華座，而觀佛長子。左邊畫五種，與願金剛使，
所謂髻設尼，優婆髻設尼，及與質多羅，地慧并請召，
如是五使者，五種奉教者，二衆共圍遶，侍衛無勝智。
行者於右方，次作大名稱，除一切蓋障，執持如意寶。
捨於二分位，當畫八菩薩，所謂除疑怪，施一切無畏，
除一切惡趣，救意慧菩薩，悲念具慧者，慈起大衆生，
除一切熱惱，不可思議慧。次復捨斯位，至於北勝方，
行者以一心，憶持布衆綵，而造具善忍，地藏摩訶薩，
其座極巧嚴，身處於焰胎，雜寶莊嚴地，綺錯互相間，
四寶為蓮華，聖者所安住。及與大名稱，無量諸菩薩，

調寶掌寶手，　及與持地等，　寶印手堅意，　上首諸聖尊，
各與無數衆，　前後共圍遶。　次復於龍方，　當畫虛空藏，
勤勇被白衣，　持刀生焰光。　及與諸眷屬，　正覺所生子，
各隨其次第，　列坐正蓮上。　今說彼眷屬，　大我菩薩衆，
應善圖藻繢，　諦誠勿迷忘。　謂虛空無垢，　次名虛空慧，
及清淨慧等，　行慧安慧等。　如是諸菩薩，　常勤精進者，
各如其次第，　而畫莊嚴身，　略說大悲藏，　漫*荼羅位竟。

爾時執金剛祕密主於一切衆會中，諦觀大日世尊，目不暫瞬而說偈語：

一切智慧者，　出現於世間，　如彼優曇華，　時時乃一現。
真言所行道，　倍復甚難遇，　無量俱胝劫，　所作衆罪業，
見此漫*荼羅，　消滅盡無餘，　何況無量稱，　住真言行法！
行此無上句，　真言救世者，　止斷諸惡趣，　一切苦不生。
若修如是行，　妙慧深不動。

時普集會一切大眾及諸持金剛者，以一音聲讚歎金剛手言：

善哉善哉大勤勇！汝已修行真言行，能問一切真言義，我等咸有意思惟。

一切現為汝證驗，依住真言之行力，及餘菩提大心眾，當得通達真言法。

爾時執金剛祕密主復白世尊而說偈言：

云何彩色義？復當以何色？云何而運布？是色誰為初？

門標旗量等，廂衛亦如是。云何建諸門？願尊說其量，

奉食華香等，及與眾寶瓶。云何引弟子？云何令灌頂？

云何供養師？願說護摩處。云何真言相？云何住三昧？

如是發問已，牟尼諸法王，告持金剛慧：一心應諦聽，

最勝真言道，出生大乘果，汝今請問我，為大有情說。

染彼眾生界，以法界之味，古佛所宣說，是名為色義。

先安布內色，非安布外色，潔白最為初，赤色為第二。

如是黃及青，漸次而彰著，一切內深玄，是謂色先後。

建立門幖幟，量同中胎藏，廂衛亦如是，華臺十六節。
應知彼初門，與內壇齊等，智者於外院，漸次而增加，
於彼廂衛中，當建大護者。略說三摩地，一心住於緣，
廣義復殊異，大衆生諦聽。佛說一切空，正覺之等持，
三昧證知心，非從異緣得。彼如是境界，一切如來定，
故說為大空，圓滿薩婆若。

大毘盧遮那成佛神變加持經卷第一

大毘盧遮那成佛神變加持經卷第二

大唐天竺三藏善無畏共沙門一行譯

入漫*荼羅具緣真言品第二之餘

爾時毘盧遮那世尊與一切諸佛同共集會，各各宣說一切聲聞、緣覺、菩薩三昧道。時佛入於一切如來一體速疾力三昧，於是世尊復告執金剛菩薩言：

我昔坐道場，　降伏於四魔，　以大勤勇聲，　除衆生怖畏。
是時梵天等，　心喜共稱說，　由此諸世間，　號名大勤勇。
我覺本不生，　出過語言道，　諸過得解脫，　遠離於因緣。
知空等虛空，　如實相智生，　已離一切暗，　第一實無垢。

諸趣唯想名，　佛相亦復然，　此第一實際，　以加持力故，
為度於世間，　而以文字說。

爾時執金剛具德者得未曾有開敷眼，頂禮一切智而說偈言：

諸佛甚希有，　權智不思議！　離一切戲論，　諸佛自然智，
而為世間說，　滿足衆希願。　真言相如是，　常依於二諦，
若有諸衆生，　知此法教者，　世人應供養，　猶如敬制底。

時執金剛說此偈已，諦觀毘盧遮那，目不暫瞬默然而住。於是世尊復告執金剛祕密主言：「復次，祕密主！一生補處菩薩住佛地三昧道，離於造作，知世間相，住於業地，堅住佛地。復次，祕密主！八地自在菩薩三昧道，不得一切諸法，離於有生，知一切幻化，是故世稱觀自在者。復次，祕密主！聲聞衆住有緣地，識生滅除二邊極觀察智，得不隨順修行因，是名聲聞三昧道。祕密主！緣覺觀察因果，住無言說法，不轉無言說，於一切法證極滅語言三昧，是名緣覺三昧道。祕密主！世間因果及業，若生若滅繫屬他主，空三昧生，是名世間三昧道。」

爾時世尊而說偈言：

祕密主當知，　此等三昧道，　若住佛世尊，　菩薩救世者，
緣覺聲聞說，　摧害於諸過。　若諸天世間，　真言法教道，
如是勤勇者，　為利眾生故。

復次，世尊告執金剛祕密主言：「祕密主！汝當諦聽諸真言相。」

金剛手言：「唯然，世尊！願樂欲聞。」

爾時世尊復說頌曰：

等正覺真言，　言名成立相，　如因陀羅宗，　諸義利成就。
有增加法句，　本名行相應，　若唵字吽字，　及與潑磔迦，
或頡唎媲等，　是佛頂名號。　若揭嘌佷拏，　佉陀耶畔闍，
訶娜摩囉也，　鉢吒也等類，　是奉教使者，　諸忿怒真言。
若有納麼字，　及莎縛訶等，　是修三摩地，　寂行者標相。
若有扇多字，　微戍陀字等，　當知能滿足，　一切所希願。

此正覺佛子，　救世者真言，　若聲聞所說，　一一句安布。
是中辟支佛，　復有少差別，　謂三昧分異，　淨除於業生。

「復次，祕密主！此真言相非一切諸佛所作，不令他作，亦不隨喜。何以故？以是諸法法如是故。若諸如來出現，若諸如來不出，諸法法爾如是住，謂諸真言，真言法爾故。祕密主！成等正覺一切知者，一切見者出興于世，而自此法說種種道，隨種種樂欲，種種諸眾生心，以種種句、種種文、種種隨方語言、種種諸趣音聲，而以加持說真言道。祕密主！云何如來真言道？謂加持此書寫文字。祕密主！如來無量百千俱胝那庾多劫，積集修行真實諦語：四聖諦、四念處、四神足、十如來力、六波羅蜜、七菩提寶，四梵住、十八佛不共法。祕密主！以要言之，諸如來一切智智，一切如來自福智力、自願智力、一切法界加持力，隨順眾生如其種類，開示真言教法。

「云何真言教法？謂阿字門，一切諸法本不生故。迦字門，一切諸法離作業故。佉字門，一切諸法等虛空不可得故。哦字門，一切諸法一切行不可得故。伽重聲字門，一切諸法一合⊙相不可得故。遮字門，一切諸法離一切遷變故。車字門，一切諸法影像不可得故。若字門，一切諸法生不可得故。社字門，一切諸法戰敵不可得故。吒字門，一切諸法慢不可得故。咤字門，一切諸法長養不可得故。拏字門，一切諸法怨對不可得故。荼重聲字門，一切諸法執持不可得故。多字門，一切諸法如如不可得故。他字門，一切諸法住處不可得故。娜字門，一切諸法施不可得故。馱重聲字門，一切諸法法界不可得故。波字門，一切諸法第一義諦不可得故。頗字門，一切諸法不堅如聚沫故。麼字門，一切諸法縛不可得故。婆字門，一切諸法一切有不可得故。野字門，一切諸法一切乘不可得故。囉字門，一切諸法離一切諸塵染故。邏字門，一切諸法一切相不可得故。縛字門，一切諸法語言道斷故。奢字門，一切諸法本性寂故。沙字門，一切諸法性鈍故。娑字門，一切諸法一切諦不可得故。訶字門，一切諸法因不可得故。祕密主！仰、若、拏、那、麼，於一切三昧自在速能成辨諸事，所為義利皆悉成就。」

爾時世尊而說偈言：

真言三昧門，　圓滿一切願，　所謂諸如來，　不可思議果。
具足衆勝願，　真言決定義，　超越於三世，　無垢同虛空。
住不思議心，　起作諸事業，　到修行地者，　授不思議果。
是第一真實，　諸佛所開示，　若知此法教，　當得諸悉地。
最勝真實聲，　真言真言相，　行者諦思惟，　當得不壞句。

爾時執金剛祕密主白佛言：「希有！世尊！佛說不思議真言相道法，不共一切聲聞、緣覺，亦非普為一切衆生。若信此真言道者，諸功德法皆當滿足。唯願世尊次說漫荼羅所須次第。」

如是說已，世尊復告金剛手而說偈言：

持真言行者，　供養諸聖尊，　當奉悅意花，　潔白黃朱色，
鉢頭摩青蓮，　龍花奔那伽，　計薩囉末利，　得蘖藍瞻蔔，
無憂底羅劍，　鉢吒羅娑羅，　是等鮮妙華，　吉祥衆所樂，
採集以為鬘，　敬心而供養。　栴檀及青木，　苜蓿香欝金，

及餘妙塗香，盡持以奉獻。沈水及松香，嚩藍與龍腦，
白檀膠香等，失利婆塞迦，及餘焚香類，芬馥世稱美，
應當隨法教，而奉於聖尊。復次大衆生，依教獻諸食，
奉乳糜酪飯，歡喜漫茶迦，百葉甘美餅，淨妙*沙糖餅，
布利迦間究，及末塗失囉，婏諾迦無憂，播鉢吒食等，
如是諸餚饍，種種珍妙果，蹇茶與石蜜，糖蜜生熟酥，
種種諸漿飲，乳酪淨牛味。又奉諸燈燭，異類新淨器，
盛滿妙香油，布列為照明。四方繒*幡蓋，種種色相間，
門標異形類，并懸以鈴鐸。或以心供養，一切皆作之，
持真言行者，存意勿遺忘。次具迦羅奢，或六或十八，
備足諸寶藥，盛滿衆香水。枝條上垂布，間插華果實，
塗香等嚴飾，結護而作淨。繫頸以妙衣，瓶數或增廣，
上首諸尊等，各各奉兼服。諸餘大有情，一一皆獻之，

如是修供養，次引應度者。
今發菩提心，憶念諸如來。
結法界生印，及與法輪印。
次應當自結，諸佛三昧耶。
而用覆其首，深起悲念心。
嚴以大空點，周匝開焰鬘。
現對諸救世，而散於淨華。
漫荼羅初門，大龍廂衛處。
住彼隨法教，而作衆事業。
作寂然護摩，護摩依法住。
於漫*荼羅中，作無疑慮心。
四節為周界，中表金剛印。
學人住其左，蹲踞增敬心。

灑之以淨水，授與塗香華，
一切皆當得，生於淨佛家，
金剛有情等，而用作加護，
三轉加淨衣，如真言法教，
三誦三昧耶，頂戴以囉字，
字門生白光，流出如滿月，
隨其所至處，行人而尊奉，
於二門中間，安立於學人，
如是令弟子，遠離於諸過，
初自中胎藏，至第二之外，
如其自肘量，陷作光明壇，
師位之右方，護摩具支分，
自敷吉祥草，藉地以安坐，

或布衆綵色，　形輝極嚴麗。　一切績事成，　是略護摩處，
周匝布祥茅，　端*末互相加。　右旋皆廣厚，　遍灑以香水，
思惟火光尊，　哀愍一切故。　應當持滿器，　而以供養之，
爾時善住者，　當說是真語：

南麼三曼多勃馱喃一　惡揭娜合二曳二平　莎訶三

復以三昧手，　次持諸弟子，　慧手大空指，　略奉持護摩。
每獻輒誠誦，　各別至三七，　當住慈愍心，　依法真實言：

南麼三曼多勃馱喃一　阿去摩訶引扇底丁以反下同蘗多二　扇底羯囉三　鉢囉合二睒摩達磨偭入若引多四　阿婆去嚩薩嚩合二婆引嚩五　達麼娑麼多引鉢囉合二鉢多二合六　莎訶七

行者護摩竟，　應教令儭施，　金銀衆珍寶，　象馬及車乘，
牛羊上衣服，　或復餘資財。　弟子當至誠，　恭敬起慇重，
深心自忻慶，　而奉於所尊。　以修行淨捨，　令彼歡喜故，
已為作加護，　應召而告言：　今此勝福田，　一切佛所說。

為欲廣饒益，　一切諸有情，　奉施一切僧，　當獲於大果。
無盡大資財，　世說常隨生，　以供養僧者，　施具德之人。
是故世尊說，　應當發歡喜，　隨力辦餚膳，　而施現前僧。

爾時毘盧遮那世尊復告執金剛祕密主，而說偈言：

汝摩訶薩埵，　一心應諦聽，　當廣說灌頂，　古佛所開示。
師作第二壇，　對中漫荼羅，　圖畫於外界，　相距二肘量。
四方正均等，　內向開一門，　安四執金剛，　居其四維外。
謂住無戲論，　及虛空無垢，　無垢眼金剛，　被雜色衣等。
內心大蓮華，　八葉及鬚蘂。　於四方葉中，　四伴侶菩薩，
由彼大有情，　往昔願力故。　云何名為四？　謂總持自在，
念持利益心，　悲者菩薩等。　所餘諸四葉，　作四奉教者，
雜色衣滿願，　無礙及解脫。　中央示法界，　不可思議色，
四寶所成瓶，　盛滿衆藥寶。　普賢慈氏尊，　及與除蓋障，

除一切惡趣，而以作加持。彼於灌頂時，當置妙蓮上，
獻以塗香華，燈明及閼伽。上蔭幢幡蓋，奉攝意音樂，
吉慶伽陀等，廣多美妙言。如是而供養，令得歡喜已，
親對諸如來，而自灌其頂。復當供養彼，妙善諸香華，
次應執金篦，在於彼前住。慰喻令歡喜，說如是伽他：
佛子佛為汝，決除無智膜，猶如世醫王，善用以金籌。
持真言行者，復當執明鏡，為顯無相法，說是妙伽他：
諸法無形像，清澄無垢濁，無執離言說，但從因業起。
如是知此法，自性無染污，為世無比利，汝從佛心生。
次當授法輪，置以二足間，慧手傳法螺，復說如是偈：
汝自於今日，轉於救世輪，其聲普周遍，吹無上法螺。
勿生於異慧，當離疑悔心，開示於世間，勝行真言道。
常作如是願，宣唱佛恩德，一切持金剛，皆當護念汝。

次當於弟子，　而起悲念心，　行者應入中，　示三昧耶偈。
佛子汝從今，　不惜身命故，　常不應捨法，　捨離菩提心，
慳悋一切法，　不利衆生行。　佛說三昧耶，　汝善住戒者，
如護自身命，　護戒亦如是。　應至誠恭敬，　稽首聖尊足，
所作隨教行，　勿生疑慮心。

爾時金剛手白佛言：「世尊！若有諸善男子、善女人，入此大悲藏生大漫荼羅三昧耶者，彼獲幾所福德聚？」

如是說已，佛告金剛手言：「祕密主！從初發心乃至成如來所有福德聚，是善男子、善女人福德聚與彼正等。祕密主！以此法門當如是知，彼善男子、善女人從如來口生，佛心之子，若是善男子、善女人所在方所，即為有佛施作佛事。是故，祕密主！若樂欲供養佛者，當供養此善男子、善女人。若樂欲見佛，即當觀彼。」

時金剛手等上首執金剛及普賢等上首諸菩薩同聲說言：「世尊！我等從今以

後應當恭敬供養是善男子、善女人。何以故？世尊！彼善男子、善女人同見佛世尊故。」

爾時毘盧遮那世尊復觀一切衆會，告執金剛祕密主等諸持金剛者及大衆言：「善男子！有如來出世無量廣長語輪相，如巧色摩尼，能滿一切願，積集無量福德，住不可害行，三世無比力真言句。」

如是言已，金剛手祕密主等諸執金剛及大會衆同聲說言：「世尊！今正是時。善逝！今正是時。」

爾時毘盧遮那世尊住於滿一切願出廣長舌相遍覆一切佛刹，清淨法幢高峯觀三昧。時佛從定起，爾時發遍一切如來法界哀愍無餘衆生界聲，說此大力大護明妃曰：

南麼薩婆怛他(引)蘖帝弊(毘也反下同一)　薩婆佩野微蘖帝弊(二)　微濕嚩(二合)目契弊(三)　薩婆他(引)唅(四)　羅吃沙(上二合)摩訶沫麗(五)　薩婆怛他(引)蘖多(六)　奔昵也(二合)儞(入)闍(引)帝(七)　𤙖𤙖(八)　怛囉(二合)(引)磔怛囉(二合引)磔(九)　阿鉢囉(二合)底(丁以反)訶諦(十)　莎訶(十一)

時一切如來及佛子衆說此明已，即時普遍佛刹六種震動，一切菩薩得未曾有開敷眼，於諸佛前以悅意言音而說偈言：

諸佛甚奇特，　說此大力護，　一切佛護持，　城池皆固密。
由彼護心住，　所有為障者，　毘那夜迦等，　惡形諸羅刹，
一切皆退散，　念真言力故。

時薄伽梵廣大法界加持，即於是時住法界胎藏三昧，從此定起，說入佛三昧耶持明曰：

南麼三曼多勃馱喃一　阿三迷二　呾囇合二三迷三　三麼曳四　莎訶五

即於爾時，於一切佛刹、一切菩薩衆會之中，說此入三昧耶明已，諸佛子等同聞是者，於一切法而不違越。

時薄伽梵復說法界生真言曰：

南麼三曼多勃馱喃一　達摩馱睹二　薩嚩合二婆嚩句痕三

金剛薩埵加持真言曰：

南麼三曼多伐折囉合二赧一　伐折囉合二咀麼合二句痕二

金剛鎧真言曰：

南麼三曼多伐折囉合二赧一　伐折羅合二迦嚩遮合吽二

如來眼*叉觀真言曰：

南麼三曼多勃馱喃一　怛他引揭多斫吃芻二合二　尾也合二嚩路迦也三　莎訶四

塗香真言曰：

南麼三曼多勃馱喃一　微輸上馱健杜引納婆合二嚩二　莎訶三

華真言曰：

南麼三曼多勃馱喃一　摩訶引妹咀履也二合二　毘庾合二蘖帝三　莎訶四

燒香真言曰：

南麼三曼多勃馱喃一　達摩馱睹弩蘖帝二　莎訶三

飲食真言曰：

南麼三曼多勃馱喃一　阿囉囉二　迦羅羅三　沫隣捺娜弭四　沫隣捺泥五　摩訶引

沫嚗六　莎訶七

燈真言曰：

南麼三曼多勃馱喃一　怛他引揭多引喇旨二合二　薩叵二合囉嚀嚩婆去娑娜三　伽伽猱陀哩耶二合四　莎訶五

閼伽真言曰：

南麼三曼多勃馱喃一　伽伽上娜三摩引三摩二　莎訶三

如來頂相真言曰：

南麼三曼多勃馱喃一　伽伽娜難多薩發二合囉嚀上二　微輸上馱達摩儞入闍引多三　莎訶四

如來甲真言曰：

南麼三曼多勃馱喃一　伐折囉二合入嚩二合引羅二　微薩普二合囉吽三　⊙莎訶☆

如來圓光真言曰：

南麼三曼多勃馱喃一　入嚩二合引羅引摩履儞二　怛他引蘗多引嘌旨二合三　莎訶四

如來舌相真言曰：

南麼三曼多勃馱喃（一） 摩訶（引）摩訶（二） 怛他蘗多爾訶嚩（二合）（三） 薩底也（二合）達磨鉢囉（二合）底（丁以反）瑟恥（二合）多（四） 莎訶（五）

息障品第三

爾時金剛手又復請問毘盧遮那世尊而說偈言：

云何道場時，淨除諸障者，修真言行人，無能為惱害？
云何持真言，云何彼成果？如是發問已，大日尊歎言：
善哉摩訶薩！快說如是語，隨汝心所問，今當悉開示。
障者自心生，隨順昔慳悋，為除彼因故，念此菩提心。
善除妄分別，從心思所生，憶念菩提心，行者離諸過。
常當意思惟，不動摩訶薩，而結彼密印，能除諸障礙。
祕密主復聽，繫除散亂風。阿字為我體，心持阿字門，

健陀以塗地，而作大空點。依於嚩庚方，闔以捨囉梵，
思念於彼器，大心彌盧山。時時在其上，阿字大空點，
先佛所宣說，能縛於大風。大有情諦聽，行者防駛雨，
思惟囉字門，大力火光色。威猛熾焰鬘，忿怒持遏伽，
隨所起方分，治地與蔭雲。斷以慧刀印，昏蔽尋消散，
行者無畏心，或作葥羅劍。以是金剛橛，一切同金剛，
復次今當說，息一切諸障。念真言大猛，不動大力者，
住本漫荼羅，行者或居中。而觀彼形像，頂戴三昧足，
彼障當淨除，息滅而不生。或以羅遍迦，微妙共和合，
行者造形像，而以塗其身。彼諸執著者，由斯對治故，
彼諸根熾然，勿生疑惑心。乃至釋梵尊，不順我教故，
尚當為所焚，況復餘衆生！

爾時金剛手白佛言：「世尊！如我解佛所說義，我亦如是知諸聖尊住本漫荼

羅位，令有威神，由彼如是住故，如來教勅無能隱蔽。何以故？世尊即一切諸真言三昧耶，所謂住於自種性故。是故真言門修菩薩行諸菩薩，亦當住於本位作諸事業。

「又，祕密主！若說諸色彼諸聖尊漫荼羅位，諸尊形相當知亦爾，是則先佛所說。祕密主！於未來世劣慧無信衆生，聞如是說不能信受，以無慧故而增疑惑。彼唯如聞，堅住而不修行，自損損他作如是言：『彼諸外道有如是法，非佛所說。』彼無智人當作如是信解。」

爾時世尊而說偈言：

一切智世尊，　諸法得自在，　如其所通達，　方便度衆生。
是諸先佛說，　利益求法者，　彼愚夫不知，　諸佛之法相。
我說一切法，　所有相皆空，　常當住真言，　善決定作業。

普通真言藏品第四

爾時諸執金剛，祕密主為上首，諸菩薩衆，普賢為上首，稽首毘盧遮那佛，各各言音請白世尊，樂欲於此大悲藏生大漫荼羅王，如所通達法界清淨門，演說真言法句。

爾時世尊無壞法爾加持，而告諸執金剛及菩薩言：「善男子！當說如所通達法界，淨除衆生界真實語句。」

時普賢菩薩即時住於佛境界莊嚴三昧，說無閡力真言曰：

南麼三曼多勃馱喃一　三麼多引奴揭多二　嚩囉闍達摩哩闍多三　摩訶引摩訶四　莎訶五

時彌勒菩薩住發生普遍大慈三昧，說自心真言曰：

南麼三曼多勃馱喃一　阿爾單若耶二　薩婆薩埵引捨耶努蘖多三　莎訶四

爾時虛空藏菩薩入清淨境界三昧，說自心真言曰：

南麼三曼多勃馱喃一　阿去迦引奢三麼多引努蘖多二　微質怛嚂引嚩囉達囉三　莎訶四

爾時除一切蓋障菩薩入悲力三昧，說真言曰：

南麼三曼多勃馱喃一　阿去薩埵係多引毘庚合二蘗多二　怛嚂合二怛嚂合二嚂嚂三　莎訶四

爾時觀世自在菩薩入於普觀三昧，說自心及眷屬真言曰：

南麼三曼多勃馱喃一　薩婆怛他上蘗多上嚩盧吉多二　羯嚕儜麼也三　囉囉𤙖若四短聲　莎訶五

得大勢真言曰：

南麼三曼多勃馱喃一　髯髯索二　莎合二訶三

多羅尊真言曰：

南麼三曼多勃馱喃一　羯嚕呶嗢婆上二合吠二平　哆囇哆嚗抳三　莎訶四

大毘俱胝真言曰：

南麼三曼多勃馱喃一　薩婆陪也怛囉引二合散儞二平　𤙖薩破合二吒也三　莎訶四

白處尊真言曰：

南麼三曼多勃馱喃一　怛他引蘗多微灑也二　三婆去吠三平　鉢曇摩合二摩履儞四平　莎訶五

何耶揭嘌嚩真言曰：

南麼三曼多勃馱喃一　唅牛佉引陀畔闍二　薩破二合吒也三　莎訶四

時地藏菩薩住金剛不可壞行境界三昧，說真言曰：

南麼三曼多勃馱喃一　訶訶訶二　素上怛拏三　莎訶四

時文殊師利童子住佛加持神力三昧，說自心真言曰：

南麼三曼多勃馱喃一　係係俱摩囉迦二　微目吃底丁以反二合　鉢他悉體他以反多三　薩麼二合囉薩麼二合囉四　鉢囉二合底丁以反然五　莎訶六

爾時金剛手住大金剛無勝三昧，說自心及眷屬真言曰：

南麼三曼多伐折囉二合赧一　戰拏麼訶引嚕瑟赧平二　唅牛

忙莽計真言曰：

南麼三曼多伐折囉二合赧一　怛囉二合吒輕怛囉二合吒輕二　若衍底丁以反三　莎訶四

金剛鎖真言曰：

南麼三曼多伐折囉二合赧一　滿陀滿陀也二　暮吒暮吒也二　伐折路二合嗢婆去二合吠三

薩嚩怛囉引二合鉢囉引二合底丁以反訶諦四　莎訶五

金剛月黶真言曰：

南麼三曼多伐折囉二合拔一　頡唎二合吽發吒輕二　莎訶三

金剛針真言曰：

南麼三曼多伐折囉二合拔一　薩婆達麼偏入唎吠平二合達偏平二　伐折囉二合素旨嚩入囉泥三

莎訶四

一切持金剛真言曰：

南麼三曼多伐折囉二合拔一　[合*牛][合*牛][合*牛]二　發吒輕發吒輕發吒髯髯三　莎訶四

一切諸奉教者真言曰：

南麼三曼多伐折囉二合拔一　係係緊質囉引也徙二　訖㗚二合佷儜二合訖㗚佷儜二合三　佉娜

佉娜四　鉢囇布囉也五　薩嚩二合鉢囉二合底丁以反然六　莎訶七

時釋迦牟尼世尊入於寶處三昧，說自心及眷屬真言曰：

南麼三曼多勃馱喃一　薩婆吃麗二合奢[口*涅]入素捺那二　薩婆達摩嚩始多引鉢囉二合鉢多三

伽伽娜三摩引三麼四　莎訶五

毫相真言曰：

南麼三曼多勃馱喃一　嚩囉泥去二　嚩囉鉢囉二合引鉢帝牛合三　⊙娑訶四☆

一切諸佛頂真言曰：

南麼三曼多勃馱喃一　鑁鑁鑁二　牛合牛合發吒輕三　莎訶四

無能勝真言曰：

南麼三曼多勃馱喃一　地入𠺕二合地入𠺕二合二　𠺕𠺕三　駬𠺕二合駬𠺕二合四　莎訶五

無能勝妃真言曰：

南麼三曼多勃馱喃一　阿上鉢囉引爾帝二　若行底丁以反怛抳帝三　莎訶四

地神真言曰：

南麼三曼多勃馱喃一　鉢嘌二合體他以反⊙梅無蓋反曳平二合二　莎訶三

毘紐天真言曰：

南麼三曼多勃馱喃一　微瑟儜二合吠二　莎訶

嚕捺囉真言曰：

南麼三曼多勃馱喃一　嚕捺囉引二合也二　莎訶三

風神真言曰：

南麼三曼多勃馱喃一　嚩引也吠平二　莎訶三

美音天真言曰：

南麼三曼多勃馱喃一　薩囉娑嚩二合底丁以反曳二合二　莎訶三

禰哩底真言曰：

南麼三曼多勃馱喃一　囉引吃灑二合娑去地鉢多曳平二　莎訶三

閻魔真言曰：

南麼三曼多勃馱喃一　梅無蓋反嚩娑上嚩三合哆也二　莎訶三

死王真言曰：

南麼三曼多勃馱喃一　沒嘌二合怛也二合吠平二　娑訶三

黑夜神真言曰：

南麼三曼多勃馱喃一 迦引囉囉引怛唎合二曳二平 莎訶三

七母等真言曰：

南麼三曼多勃馱喃一 忙怛[口*履]合二弊毘也反二 莎訶三

釋提桓因真言曰：

南麼三曼多勃馱喃一 鑠吃囉合引二也二 莎訶三

嚩嚕拏龍王真言曰：

南麼三曼多勃馱喃一 阿去半鉢哆曳二平 娑訶三

梵天真言曰：

南麼三曼多勃馱喃一 鉢囉合二閣引鉢多曳二平 娑訶

日天真言曰：

南麼三曼多勃馱喃一 阿去儞怛夜合二耶二 娑訶三

月天真言曰：

南麼三曼多勃馱喃一 戰捺羅合引二也二 娑訶三

諸龍真言曰：

南麼三曼多勃馱喃一　謎伽上設濘曳二平　娑訶三

難陀、跋難陀真言曰：

南麼三曼多勃馱喃一　難徒鉢難捺瑜二　娑訶三

時毘盧遮那世尊樂欲說自教跡不空悉地，一切佛菩薩母虛空眼明妃真言曰：

南麼三曼多勃馱喃一　伽伽上那嚩囉落吃灑合二孏二平　伽伽那糝迷三　薩婆覩嚂蘖合二多四引　避娑去囉三婆吠五平　入縛合二羅那引謨阿上目伽引難六去　娑訶

復次，薄伽梵為息一切障故住於火生三昧，說此大摧障聖者不動主真言曰：

南麼三曼多伐折囉合二囉一　戰拏摩訶嚕灑儜二上　薩破合二吒也三　𤙖怛囉合二迦四　悍引漫五引

復次，降三世真言曰：

南麼三曼多伐折囉合二赧一　訶訶訶二　微薩麼合二曳三平　薩婆怛他引揭多微灑也三婆嚩四　怛囉合二路枳也合二微若也五　𤙖若六急呼　莎訶七

諸聲聞真言曰：

南麼三曼多勃馱喃一 係睹鉢羅合二底丁以反也二 微蘗多羯麼涅入闍多三 𤙖四

諸緣覺真言曰：

南麼三曼多勃馱喃一 嚩二

普一切佛菩薩心真言曰：

南麼三曼多勃馱喃一 薩婆勃馱菩提薩埵二 訶嘌捺耶三 甯夜合二吠奢儞平四 娜麼薩婆尾泥去五 莎訶六

普世天等諸心真言曰：

南麼三曼多勃馱喃一 路迦引路迦羯囉引也二 薩婆提婆那伽藥吃沙合二健達婆阿上蘇囉蘗嚕荼緊捺囉摩護囉伽上儞三 訶嘌合二捺耶四 甯夜合二羯囇灑合二也五 微質怛囉合二蘗底丁以反六 莎訶七

一切諸佛真言曰：

南麼三曼多勃馱喃一 薩婆他二 微麼底三 微枳囉儜上四 達摩馱睹涅入闍多五

參參訶六 莎訶七

不可越守護門者真言曰：

南麼三曼多勃馱喃一 訥囉馱二合嚗沙二合二 摩訶引路灑儜上三 佉娜也薩鑁引平怛他引蘗多引然矩嚕四 莎訶五

相向守護門者真言曰：

南麼三曼多勃馱喃一 係摩訶鉢囉二合戰拏二 阿毘目佉三 蘗嘌二合訶拏二合佉娜耶四 緊質囉引也徙五 三麼耶麼努娑麼二合囉六 莎訶七

結大界真言曰：

南麼三曼多勃馱喃一 薩婆怛羅二合引努蘗帝二 滿馱也徙瞞引三 摩訶三摩耶哩入闍去帝四 娑麼二合囉孎五 阿鉢囉二合底丁以反訶諦六 馱迦馱迦七 折囉折囉八 滿馱滿馱九 捺奢儞䟀十 薩婆怛他引蘗多引努壤帝十一 鉢囉二合嚩囉達嚨臘馱微若曳平十二 薄伽上嚩底十三 微矩嚗微矩麗十四 麗魯補嚗十五 莎訶十六

菩提真言曰：

南麼三曼多勃馱喃一　阿上

行真言曰：

南麼三曼多勃馱喃一　阿去

成菩提真言曰：

南麼三曼多勃馱喃一　暗

涅槃真言曰：

南麼三曼多勃馱喃一　噁

降三世真言曰：

南麼三曼多伐折囉二合赧一　訶去

不動尊真言曰：

南麼三曼多伐折囉二合赧一　悍

除蓋障真言曰：

南麼三曼多勃馱喃一　阿去急呼

觀自在真言曰：

南麼三曼多勃馱喃一　娑上

金剛手真言曰：

南麼三曼多伐折囉二合赦一　嚩呼急

妙吉祥真言曰：

南麼三曼多勃馱喃瞞

虛空眼真言曰：

南麼三曼多勃馱喃一　嚴呼輕

法界真言曰：

南麼三曼多勃馱喃一　噛

大勤勇真言曰：

南麼三曼多勃馱喃一　欠平

水自在真言曰：

南麼三曼多勃馱喃一 髯

多羅尊真言曰：

南麼三曼多勃馱喃一 耽

毘俱胝真言曰：

南麼三曼多勃馱喃一 勃⿰口履合二

得大勢真言曰：

南麼三曼多勃馱喃一 參

白處尊真言曰：

南麼三曼多勃馱喃一 半

何耶揭哩婆真言曰：

南麼三曼多勃馱喃一 含

耶輸陀羅真言曰：

南麼三曼多勃馱喃一 闍

寶掌真言曰：

南麼三曼多勃馱喃一 參

光網真言曰：

南麼三曼多勃馱喃一 髯

釋迦牟尼真言曰：

南麼三曼多勃馱喃一 婆上

三佛頂真言曰：

南麼三曼多勃馱喃一 𤙖吒嚂合二

白傘佛頂真言曰：

南麼三曼多勃馱喃一 嚂

勝佛頂真言曰：

南麼三曼多勃馱喃一 苫

最勝佛頂真言曰：

南麼三曼多勃馱喃一　賜

火聚佛頂真言曰：

南麼三曼多勃馱喃一　怛嚩合二

除障佛頂真言曰：

南麼三曼多勃馱喃一　訶啉合二

世明妃真言曰：

南麼三曼多勃馱喃一　耽含半含闍

無能勝真言曰：

南麼三曼多勃馱喃一　𤙖

地神真言曰：

南麼三曼多勃馱喃一　微

髻設尼真言曰：

南麼三曼多勃馱喃一　枳履

鄔波髻設尼真言曰：

南麼三曼多勃馱喃一　儞履

質多童子真言曰：

南麼三曼多勃馱喃一　弭履

財慧童子真言曰：

南麼三曼多勃馱喃一　係履

除疑怪真言曰：

南麼三曼多勃馱喃一　訶娑難

施一切眾生無畏真言曰：

南麼三曼多勃馱喃一　囉娑難

除一切惡趣真言曰：

南麼三曼多勃馱喃一　特懵二合娑難

哀愍慧真言曰：

南麼三曼多勃馱喃一　微訶娑難

大慈生真言曰：

南麼三曼多勃馱喃一　諂勑減反

大悲纏真言曰：

南麼三曼多勃馱喃一　闍

除一切熱惱真言曰：

南麼三曼多勃馱喃一　縊

不思議慧真言曰：

南麼三曼多勃馱喃一　汚

寶處真言曰：

南麼三曼多勃馱喃一　難上

寶手真言曰：

南麼三曼多勃馱喃一　衫

持地真言曰：

南麼三曼多勃馱喃一 噞

復次真言曰：

南麼三曼多勃馱喃一 髯（輕呼鼻聲）

寶印手真言曰：

南麼三曼多勃馱喃一 泛（普含反）

堅內意真言曰：

南麼三曼多勃馱喃一 ⿰赤皮

虛空無垢真言曰：

南麼三曼多勃馱喃一 含

虛空慧真言曰：

南麼三曼多勃馱喃一 ⿰口鄰

清淨慧真言曰：

南麼三曼多勃馱喃一 蘖丹都痕反

行慧真言曰：

南麼三曼多勃馱喃一 地嚂

安慧真言曰：

南麼三曼多勃馱喃一 合牛

諸奉教者真言曰：

南麼三曼多勃馱喃一 地室唎二合 唅沒嚂二合

菩薩所說真言曰：

南麼三曼多勃馱喃一 吃沙二合 拏囉閻劍

淨居天真言曰：

南麼三曼多勃馱喃一 滿砮輕 囉麼二 達摩三婆去嚩微三 婆上嚩迦那四 三三五 莎訶

羅剎娑真言曰：

南麼三曼多勃馱喃（一） 吃嚂（二合）計㘑

諸*荼吉尼真言曰：

南麼三曼多勃馱喃（一） 訶（去）唎（二合）訶（上）

諸藥叉女真言曰：

南麼三曼多勃馱喃（一） 藥吃叉（二合）尾儞夜（二合）達㘑

諸毘舍遮真言曰：

南麼三曼多勃馱喃（一） 比旨比旨

諸部多真言曰：

南麼三曼多勃馱喃（一） 喁繿喁伊（上）懵散寧（去）

諸阿修羅真言曰：

南麼三曼多勃馱喃（一） 囉乇（知姦反）囉乇（同上）特懵耽沒囉（二合）波囉（二合）

諸摩睺羅伽真言曰：

南麼三曼多勃馱喃（一） 蘗囉藍蘗羅藍

諸緊那羅真言曰：

南麼三曼多勃馱喃一 訶上散難微訶上散難

諸人真言曰：

南麼三曼多勃馱喃一 壹車去鉢嚂二 麼努輕麼曳迷三 莎訶

「祕密主！是等一切真言我已宣說，是中一切真言之心，汝當諦聽！所謂阿字門，念此一切諸真言心最為無上，是一切真言所住，於此真言而得決定。」

大毘盧遮那成佛神變加持經卷第二

大毘盧遮那成佛神變加持經卷第三

大唐天竺三藏善無畏共沙門一行譯

世間成就品第五

爾時世尊復告執金剛祕密主而說偈言：

如真言教法，成就於彼果，當字字相應，句句亦如是。
作心想念誦，善住一洛叉，初字菩提心，第二名為聲。
句想為本尊，而於自處作，第二句當知，即諸佛勝句。
行者觀住彼，極圓淨月輪，於中諦誠想，諸字如次第。
中置字句等，而想淨其命，命者所謂風，念隨出入息。

彼等淨除已，作先持誦法，善住真言者，次一月念誦。
行者前方便，一一句通達，諸佛大名稱，說此先受持。
次當隨所有，奉塗香花等，為成正覺故，迴向自菩提。
如是於兩月，真言當無畏，次滿此月已，行者入持誦。
山峯或牛欄，及諸河潬等，四衢道一室，神室大天室。
彼漫*荼羅處，悉如金剛宮，是處而結護，行者作成就。
即以中夜分，或於日出時，智者應當知，有如是相現。
𤙖聲或鼓音，若復地震動，及聞虛空中，有悅意言辭。
應知如是相，悉地總如意，諸佛兩足尊，宣說於彼果。
住是真言行，必定當成佛，應一切種類，常念持真言，
古佛大仙說，故應當憶念。

悉地出現品第六

爾時世尊復觀諸大眾會，為欲滿足一切願故，復說三世無量門決定智圓滿法句：

虛空無垢無自性，能授種種諸巧智，由本自性常空故，緣起甚深難可見。
於長恒時殊勝進，隨念施與無上果，譬如一切趣*空虛☆，雖依虛空無著行。
此清淨法亦如是，三有無餘清淨生，昔勝生嚴修此故，得有一切如來行。
非他句有難可得，作世遍明如世尊，說極清淨修行法，深廣無盡離分別。

爾時毘盧遮那世尊說是偈已，觀察金剛手等諸大眾會，告執金剛言：「善男子！各各當現法界神力悉地流出句，若諸眾生見如是法，歡喜踊躍得安樂住。」

如是說已，諸執金剛為毘盧遮那世尊作禮，如是法主依所教勅，復請佛言：「惟願世尊哀愍我等，示現悉地流出句。何以故？於尊者薄伽梵前，而自宣示所通達法，非是所宜。善哉！世尊！惟願利益安樂未來眾生故。」

時薄伽梵毘盧遮那告一切諸執金剛言：「善哉！善哉！善男子！如來所說法、毘奈耶稱讚一法，所謂有羞。若有羞，善男子、善女人見如是法，速生二事，謂不作所不應作，衆所稱讚。復有二事，謂所未至令至，得與佛菩薩同處。復有二事，謂住尸羅，生於人天。善哉！諦聽！善思念之，我當宣說真言成就流出相應句。諸流出相應句，真言門修菩提諸菩薩，速於是中當得真言悉地。若行者見漫*荼羅尊所印可，成就真*言，發菩提心，深信慈悲，無有慳悋，住於調伏，能善分別從緣所生，受持禁戒，善住衆學，具巧方便勇健，知時非時，好行惠捨，心無怖畏，勤修真言行法，通達真言實義，常樂坐禪，樂作成就。祕密主！譬如欲界有自在悅滿意明，乃至一切欲處天子於此迷醉，出衆妙雜類戲笑，及現種種雜類受用遍受用，授與自所變化他化自在天等，而亦自受用之。又，善男子！如摩醯首羅天有勝意生明，能作三千大千世界衆生利益，化一切受用遍受用，授與淨居諸天，亦復自受用之。又如幻術真言能現種種園林人物，如阿修羅真言現幻化事，如世呪術攝毒及寒熱等，摩怛哩神真言能作衆生疾疫災*癘，及世間呪術攝除衆毒及寒熱等，能變熾火而生清涼。是故，善男子！當信如是流出句真言威德。此真言威德非從真言中出，亦不入衆生，不於持誦者處而有可得。善男子！

真言加持力故，法爾而生，無所過越，以三時不越故，甚深不思議緣生理故。是故，善男子！當隨順通達不思議法性常不斷絕真言道。」

爾時世尊復住三世無礙力依，如來加持不思議力依，莊嚴清淨藏三昧。即時世尊從三摩鉢底中，出無盡界無盡語表，依法界力、無等力、正等覺信解，以一音聲四處流出，普遍一切法界與虛空等無所不至真言曰：

南麼薩婆怛他(引)蘖帝喋(毘庚反一) 微濕嚩(二合)目契弊(毘也反二) 薩婆他(三) 阿阿(引)闇噁(四)

正等覺心從是普遍，即時一切法界諸聲門從正等覺幖幟之音而互出聲。諸菩薩聞是已，得未曾有開敷眼發微妙言音，於一切智離熱者前而說頌曰：

奇哉真言行！　能具廣大智，　若遍布此者，　成佛兩足尊。
是故勤精進，　能諸佛語心，　常作無間修，　淨心離於我。

爾時薄伽梵復說此法句：

於正等覺心，　而作成就者，　於園苑僧坊，　若在巖窟中，
或意所樂處，　觀彼菩提心。　乃至初安住，　不生疑慮意，

隨取彼一心，以心置於心。證於極淨句，無垢安不動，
不分別如鏡，現前甚微細。若彼常觀察，修習而相應，
乃至本所尊，自身像皆現。第二正覺句，於鏡漫*荼羅，
大蓮華王座，深邃住三昧。總持髮髻冠，圍繞無量光，
離妄執分別，本寂如虛空。
於彼中思惟，作攝意念誦，一月修等引，持滿一洛叉。
是為最初月，持真言法則。次於第二月，奉塗香華等，
而以作饒益，種種衆生類。又復於他月，捨棄諸利養，
時彼於瑜伽，思惟而自在，願一切無障，安樂諸群生。
樂欲成如來，所稱讚圓果，或滿足一切，有情衆希願。
應理無障蓋，而生是攀緣，傍生相噉食，所有苦永除。
常令諸鬼界，飲食皆充滿，地獄中受苦，種種諸楚毒，
當願速除滅，以我功德故，及餘無量門，數數心思惟。

發廣大悲愍，　三種加持句，　想念於一切，　心誦持真言。
以我功德力，　如來加持力，　及與法界力，　周遍衆生界。
諸念求義利，　悉皆饒益之，　彼一切如理，　所念皆成就。

於是薄伽梵即於爾時說虛空等力虛空藏轉明妃曰：

南麼薩婆怛他(引)蘖帝驃(毘庾反一)　微濕嚩(二合)目契弊(毘也反二)　薩婆他(三)　欠(四)　嗢弩蘖帝薩叵囉(二合)係門(五)　伽伽娜劍(六)　莎訶(七)

持此三轉，隨彼所生善願皆亦成就。

行人於滿月，　次入作持誦，　山峯牛欄中，　寒林或河洲，
四衢獨樹下，　忙怛哩天室，　一切金剛色，　嚴淨同金剛。
彼中諸障者，　攝伏心迷亂，　四方相周匝，　一門及通道。
金剛互連屬，　金剛結相應，　門門二守護，　不可越相向。
擬手而上指，　朱目奮怒形，　慇懃畫隅角，　輸羅焰光印。
中妙金剛座，　方位正相直，　其上大蓮華，　八葉鬚蘂敷。

當結金剛手，　金剛之慧印，　稽首一切佛，　數數堅誓願。
應護持是處，　及淨諸藥物，　於此夜持誦，　清淨無障礙。
或於中夜分，　或於日出時，　彼藥物當轉，　圓光普暉焰。
真言者自取，　遊步於大空，　住壽大威德，　於生死自在。
行於世界頂，　現種種色身，　具德吉祥者，　展轉而供養。
真言所成物，　是名為悉地，　以分別藥物，　成就無分別。

「祕密主！一切世界諸現在等如來、應、正等覺，通達方便波羅蜜。彼如來知一分別本性空，以方便波羅蜜力故，而於無為以有為為表，展轉相應而為眾生示現遍於法界，令得見法安樂住，發歡喜心，或得長壽，五欲嬉戲而自娛樂，為佛世尊而作供養。證如是句，一切世人所不能信，如來見此義利故，以歡喜心說此菩薩真言行道次第法則。何以故？於無量劫勤求修諸苦行所不能得，而真言門行道諸菩薩即於此生而獲得之。復次，祕密主！真言門修菩薩行菩薩，如是計都揭伽、傘蓋、履屣、真陀摩尼、安膳那藥、盧遮那等，持三洛叉而作成就，亦得悉地。祕密主！若具方便善男子、善女人隨所樂求而有所作，彼唯心自在而得成就。祕密主！諸樂欲因果者，祕密主！非彼愚夫能知真言諸真言相。何以故？

說因非作者，　彼果則不生，　此因因尚空，　去何而有果？

當知真言果，　悉離於因業，　乃至身證觸，　無相三摩地，

真言者當得，　悉地從心生。」

爾時金剛手白佛言：「世尊惟願復說此正等覺句、悉地成就句，諸見此法善男子、善女人等，心得歡喜受安樂住，不害法界。何以故？世尊！法界者，一切如來、應、正等覺說名即不思議界。是故，世尊！真言門修菩薩行諸菩薩，得是通達法界不可分析破壞。」

如是說已，世尊告執金剛祕密主言：「善哉！善哉！祕密主！汝復善哉能問如來如是義。汝當諦聽，善思念之，吾今演說。」

祕密主言：「如是，世尊！願樂欲聞。」

佛告祕密主：「以阿字門而作成就，若在僧所住處，若山窟中，或於淨室，

以阿字遍布一切支分時，持三洛叉。次於滿月盡其所有而以供養，乃至普賢菩薩、文殊師利、執金剛等，或餘聖天現前，摩頂唱言：『善哉！行者！應當稽首作禮，奉閼伽水。』即時得不忘菩提心三昧。又以如是身心輕安而誦習之，當得隨生心清淨、身清淨。置於耳上持之，當得耳根清淨。以阿字門作出入息三時思惟，行者爾時能持壽命長劫住世。願囉闍等之所愛敬，即以訶字門作，所應度者授與鉢頭摩華，自持商佉而互相觀，即生歡喜。」

爾時毘盧遮那世尊復觀一切大會，告執金剛祕密主言：「金剛手！有諸如來意生作業戲行舞，廣演品類，攝持四界安住心王，等同虛空，成就廣大見非見果，出生一切聲聞及辟支佛、諸菩薩位，令真言門修行諸菩薩一切希願皆悉滿足，具種種業利益無量眾生。汝當諦聽，善思念之，吾今演說。祕密主！云何行舞而作一切廣大成壞果，持真言者一切親證耶？」

爾時世尊而說偈言：

行者如次第，　先作自真實，　如前依法住，　正思念如來。

阿字為自體，　并置大空點，　端嚴遍金色，　四角金剛標。
於彼中思念，　一切處尊佛，　是諸正等覺，　說自真實相。
修行不疑慮，　自真實相生，　當得為世間，　一切衆利樂。
具廣大希有，　住於如幻句，　無始時宿殖，　無智諸有迫，
行者成等引，　一切皆消除。　若觀於彼心，　無上菩提心，
持真言業故，　於淨非淨果，　應理常無染，　如蓮出淤泥，
何況於自體，　得成仁中尊！

爾時毘盧遮那世尊又復住於降伏四魔金剛戲三昧，說降伏四魔解脫六趣，滿足一切智智金剛字句：

南麼三曼多勃馱喃(一)　阿(去意呼)味囉吽欠

時金剛手祕密主等諸執金剛，普賢等諸菩薩及一切大衆，得未曾有開敷眼，稽首一切薩婆若而說偈言：

此諸佛菩薩，　救世諸庫藏，　由是一切佛，　菩薩救世者，

及與因緣覺，聲聞害煩惱，能遍所行地，起種種神通。
彼得無上智，正覺無上智，是故願廣說，此教諸方便。
及與布想等，種種衆事業，諸志求大衆，無上真言行，
見法安住者，當得歡喜住。說如是偈已，大日世尊言：
普皆應諦聽，一心住等引。大金剛地際，時加持下身，
為說此法故，而現菩提座。最勝阿字同，大因陀羅輪，
當知內外等，金剛漫*茶羅。中思惟一切，說名瑜伽座，
阿字第一命，是為引攝句，常安大空點，能攝授諸果。
行者於一月，結金剛慧印，三時作持誦，摧毀無智城。
得不動堅固，天脩羅莫壞，乃至隨自意，增益事成就。
行者一切常，漫*茶羅中作，金色光明身，上持髮髻冠，
正覺住三昧，名大金剛句。金剛蓮華*力，素鵝及金地，
真陀末尼寶，是等衆器物，觀大因陀羅，而作諸悉地。

今說攝持法，一切一心聽，行者一緣想，八峯彌盧山，
上觀妙蓮華，立金剛智印。瑜伽者於上，字門威焰光，
而用置其頂，安住不傾動。百轉所持藥，行者應服之，
先世業生疾，是等悉除愈。佛子應復聽，第一嚩字門，
雪乳商佉色，而自臍中起，鮮白蓮華臺，而於彼中住。
甚深寂然定，秋夕素月光，如是漫*荼羅，諸佛說希有。
思惟以純白，輪圓成九重，住於霏霧中，除一切熱惱。
淨乳猶珠鬘，水精與月光，普遍而流注，一切處充滿。
行者心思惟，出離諸障毒，如是於圓壇，等引作成就。
乳酪生熟酥，頗胝迦珠鬘，藕水等眾物，次第成悉地。
當得無量壽，應現殊特身，一切患除息，天人咸愛敬。
多聞成總持，善慧淨無垢，由斯作成就，速證悉地果。
是名寂災者，吉祥漫*荼羅，第一攝持相，安以大空點。

囉字勝真實，佛說火中上，所有眾罪業，應受無擇報，
瑜祇善修者，等引皆消除。所住三角形，悅意遍形赤，
寂然周焰鬘，三角在其心。相應觀彼中，囉字大空點，
智者如瑜伽，以此成眾事。日曜諸眷屬，及作一切火，
攝取發怨對，消枯眾支分，是等所應作，皆於智火輪。
訶字第一實，風輪之所生，及與因業果，諸種子增長，
彼一切摧壞，并以大空點，今說彼色像，深玄大威德，
示現暴怒形，焰鬘普周遍，住漫*荼羅位，智者觀眉間，
深青半月輪，吹動幢幡相，而於彼中想，最勝訶字門。
住彼漫*荼羅，成就所應事，作一切義利，應現諸眾生。
不捨於此身，逮得神境通，遊步大空位，而成身祕密。
天耳眼根淨，能開深密處，住此一心壇，而成眾事業。
菩薩大名稱，初坐菩提場，降伏魔軍眾，諸因不可得，

因無性無果，　如是業不生。　彼三無性故，　而得空智慧，
大德正遍知，　宣說於彼色。　佉字及空點，　尊勝虛空空，
兼持慧刀印，　所作速成就。　法輪及羂索，　揭伽那刺遮，
并目竭嵐等，　不久成斯句。

爾時毘盧遮那世尊觀大衆會，告執金剛祕密主而說偈言：

若於真言門，　修行諸菩薩，　阿字為自身，　內外悉同等。
諸義利皆捨，　等礫石金寶，　遠離衆罪業，　及與貪瞋等。
當得俱清淨，　同諸佛牟尼，　能作諸利益，　離一切諸過。
復次於嚩字，　行者依瑜伽，　解作業儀式，　利益衆生故。
內身救世者，　一切皆如是，　心水湛盈滿，　潔白猶雪乳。
當生決定意，　出於一切身，　悉遍諸毛孔，　流注極清淨。
從此內充溢，　遍滿於大地，　以是悲愍水，　觀世苦衆生。
諸有飲用者，　或復身所觸，　一切皆決定，　得成就菩提。

思惟在等引，　一切囉字門，　周輪生焰光，　寂然而普照。
瑜祇光外轉，　而遍一切處，　利世隨樂欲，　行者起神通。
上身囉字門，　嚩字臍輪中，　出火而降雨，　俱時而應現。
地獄極寒苦，　囉字能消除，　嚩字𤏙熾然，　住真言法故。
囉字為下身，　訶字為熛幟，　作業速成就，　救重罪眾生。
住大因陀羅，　作水龍事業，　一切攝除等，　真言者勿疑。
風遍一切處，　一切悉開壞，　此種種雜類，　各各眾事業，
色漫*荼羅中，　依法而作之。　觸心而念持，　逮得意根淨，
輕舉習經行，　中誦獲神足。　宴坐觀阿字，　想在於耳根，
念持滿一月，　當得耳清淨。

「祕密主！如是等意生悉地句，祕密主！觀此無有形色、種種雜類眾行生，於思念頃纔轉誦之，能作如是一切善業種子。復次，祕密主！如來無所不作，於真言門修行諸菩薩同於影像，隨順一切處，隨順一切真言心，悉住其前，令諸有

情咸得歡喜，皆由如來無分別意離諸境界。」

而說偈言：

無時方造作，　離於法非法，　能授悉地句，　真言行發生。
是故一切智，　如來悉地果，　最為尊勝句，　應當作成就。

成就悉地品第七

時吉祥金剛，　奇特開敷眼，　手轉金剛印，　流散如火光。
其明普遍照，　一切諸佛剎，　微妙音稱歎，　法自在牟尼。
說諸真言行，　彼行不可得，　真言從何來，　所去至何所。
諸佛說如是，　更無過上句，　一切法歸趣，　如衆流赴海。

如是說已，世尊告執金剛祕密主言：

摩訶薩意處，　說名漫*荼羅。　諸真言心位，　了知得成果，
諸有所分別，　悉皆從意生。　分辯白黃赤，　是等從心起，

決定心歡喜，說名內心處。真言住斯位，能授廣大果，
念彼蓮華處，八葉鬚蘂敷。華臺阿字門，焰鬘皆妙好，
光暉普周遍，照明衆生故。如合會千電，持佛巧色形，
深居圓鏡中，應現諸方所。猶如淨水月，普現衆生前，
知心性如是，得住真言行。次於其首上，頂會交際中，
標以大空點，而思惟暗字。妙好淨無垢，如水精月電，
說寂靜法身，一切所依持。諸真言悉地，能現殊類形，
得天樂解脫，逮見如來句。囉字為眼界，輝燭猶明燈，
俛頸小低頭，舌近於齶間。而以觀心處，當心現等引，
無垢妙淨清，圓鏡常現前。如是真實心，古佛所宣說，
照了心明達，諸色皆發光。真言者當見，正覺兩足尊，
若見成悉地，第一常恒體。從此次思惟，轉此囉字門，
邏字大空點，置之於眼位。見一切空句，得成不死句，

若欲廣大智，　或起五神通。　長壽童子身，　成就持明等，
真言者未得，　由不隨順之。　真言發起智，　是最勝實知，
一切佛菩薩，　救世之庫藏。　由是諸正覺，　菩薩救世者，
及諸聲聞等，　遊陟他方所。　一切佛剎中，　皆作如是說，
故得無上智，　佛無過上智。

轉字輪漫*荼羅行品第八

爾時毘盧遮那世尊觀察一切大會，以修習大慈悲眼觀察眾生界，住甘露王三昧。時佛由是定故，復說一切三世無礙力明妃曰：

怛姪他伽伽娜三迷一　阿鉢囉二合底丁以反三迷二　薩婆怛他引蘖多三麼哆努蘖帝三

伽伽那三摩四　嚩囉落吃灑二合孏平五　莎訶六

「善男子！以此明妃如來身無二境界。」

而說偈言：

由是佛加持，　菩薩大名稱，　於法無罣礙，　能滅除衆苦。

時毘盧遮那世尊尋念諸佛本初不生，加持自身及與持金剛者，告金剛手等上首執金剛言：「善男子！諦聽轉字輪漫*荼羅行品，真言門修行諸菩薩能作佛事，普現其身。」

爾時執金剛從金剛蓮華座旋轉而下，頂禮世尊而讚歎言：

歸命菩提心，　歸命發菩提，　稽首於行體，　地波羅蜜等，

恭禮*無造作，　歸命證空者。

祕密主如是歎已而白佛言：「惟願法王哀愍護念我等而演說之，為利益衆生故，如所說真言修圓滿故。」

如是說已，毘盧遮那世尊告執金剛祕密主言：

我一切本初，　號名世所依，　說法無等比，　本寂無有上。

時佛說此伽他，如是而作加持。以加持故，執金剛者及諸菩薩能見勝願佛菩提座，世尊猶如虛空，無戲論、無二行瑜伽相。是業成熟，即時世尊身諸支分皆

悉出現是字，於一切世出世間、聲聞、緣覺靜慮思惟，勤修成就悉地，皆同壽命同種子，同依處同救世者。

南麼三曼多勃馱喃一　阿

「善男子！此阿字一切如來之所加持，真言門修菩薩行諸菩薩，能作佛事普現色身，於阿字門一切法轉。是故，祕密主！真言門修菩薩行諸菩薩，若欲見佛，若欲供養，欲證發菩提心，欲與諸菩薩同會，欲利益衆生，欲求悉地，欲求一切智智者，於此一切佛心當勤修習。」

爾時毘盧遮那世尊復決定說大悲藏生漫*荼羅王，敷置聖天之位，三昧神通真言行不思議法：「彼阿闍梨先住阿字一切智門，持修多羅，稽首一切諸佛，東方申之，旋轉而南⊙方以及西方，周於北方。次作金剛薩埵，以執金剛加持自身。或以彼印，或以嚩字，入於內心，置漫*荼羅。如是第二漫*荼羅，亦本寂加持自身故，無二瑜伽形、如來形、空性形。次捨所行道二分聖天處，遠離三分住如來位，東方申修多羅，周匝旋轉。所餘二漫*荼羅，亦當以是方便作諸事業，復以大日加持自身，念廣法界而布眾色，真言行者應以潔白為先。」

說伽陀曰：

以此淨法界，淨除諸眾生，自體如如來，遠離一切過。
如是而觀想，思惟囉字門，寂然光焰鬘，淨月商佉色。
第二布赤色，行者當憶持，思惟字明照，本無大空點。
煥炳初日輝，最勝無能壞，第三真言者，次運布黃色。
定意迦字門，當隨於法教，身相猶真金，正受害諸毒。
光明遍一切，金色同牟尼，次當布青色，超度於生死。
思惟麼字門，大寂菩提座，身色如虹霓，除一切怖畏。
最後布黑色，其彩甚玄妙，思惟訶字門，周遍生圓光。
如劫災猛焰，寶冠舉手印，能怖一切惡，降伏諸魔軍。

爾時世尊毘盧遮那從三昧起，住於無量勝定，佛於定中顯示遍一切無能害力明妃，於一切如來境界中生，其明曰：

南麼薩婆怛他引蘖帝弊毘也反一　薩婆目契弊同上二　阿娑迷三　鉢囉迷四　阿者麗五　伽泥薩麼二合囉孊平六　薩婆怛羅引二合弩蘖帝七　莎訶八

「次調彩色，頂禮世尊及般若波羅蜜，持此明妃八遍，從座而起旋繞漫*荼羅，入於內心。以大慈大悲力念諸弟子，阿闍梨復以羯磨金剛薩埵加持自身，以嚩字門及施願金剛已，當畫大悲藏生大漫*荼羅，彼安祥在於內心而造大日世尊，坐白蓮華，首戴髮髻，鉢吒為裙，上被綃縠，身相金色，周身焰鬘。或以如來頂印，或以字句，謂阿字門。東方一切諸佛，以阿字門及大空點。伊舍尼方，一切如來母虛空眼，應書伽字。火天方，一切諸菩薩，畫真陀摩尼寶，或置迦字。夜叉方，觀世自在，蓮華印并畫一生補處菩薩眷屬，或作娑字。焰摩方，越三分位置金剛慧印，持金剛祕密主并眷屬，或書嚩字。彼復棄三分位，畫一切諸執金剛印，或書字句，所謂𤙖字。次涅哩底方，於大日如來下作不動尊，坐於石上，手持羂索慧刀，周匝焰鬘擬作障者，或置彼印，或書字句，所謂哈字。風天方，降三世尊摧大障者，上有光焰，大勢威怒猶如焰摩，其形黑色，於可怖中極令怖畏，手轉金剛，或作彼印，或書字句，所謂訶字(長聲)。

「次於四方，畫四大護。帝釋方，名無畏結護者，金色白衣，面現少忿怒相，手持檀*茶，或作彼印，或置字句，所謂作嚩字。夜叉方，名壞諸怖結護者，白色素衣，手持朅伽，并布光焰，能壞諸怖，或畫彼印，或置字句，所謂嚩字。龍方，名難降伏結護者，亦如無憂華色，被朱衣，面像微笑，在光焰中而觀一切衆會，或置彼印，或置字句，所謂索字。焰摩方，名金剛無勝結護者，黑色玄衣，毘俱胝形，眉間浪文，上戴髮冠，自身威光照衆生界，手持檀*茶，能壞大為障者，或作彼印，或置字句，所謂吃讖(二合)字。及一切眷屬使者，皆坐白蓮華上。

「真言者如是敷置已，次當出外，於第二分畫釋迦種牟尼王，被袈裟衣，三十二導師相，為說最勝教施一切衆生無畏故，或袈裟鉢印，或以字句，所謂婆字。次於外漫*茶羅，以法界性加持自身，發菩提心，彼捨三分位，當三作禮，心念大日世尊，如前調色。於第三分，帝釋方，作施願金剛童子形，三昧手持青蓮華，上置金剛慧杵，以諸瓔珞而自莊嚴，上妙綃縠為裙，極輕細者用為上服，身欝金色，頂有五髻，或置密印，或置字句，真言曰：

南麼三曼多勃馱喃一　鑁

「於其右邊，光網童子一切身分皆悉圓滿，三昧手執持寶網，慧手持鉤，或置彼印，或書字句，所謂染字。依焰摩方，除一切蓋障菩薩，金色髮冠，持如意寶，或畫彼印，或置字句所謂噁字長聲。夜叉方，地藏菩薩，色如鉢孕遇華，手持蓮華，以諸瓔珞莊嚴，或置彼印，或置字句，所謂伊字。龍方，虛空藏，白色白衣，身有光焰，以諸瓔珞莊嚴，手持揭伽，或置彼印，或置字句，所謂伊字長聲。」

真言者宴坐，　安住於法界，　我即法界性，　而住菩提心。
向於帝釋方，　結金剛慧印，　次作金剛事，　慇懃修供養。
現諸佛救世，　三昧耶印等，　念一切方所，　三轉持真言。
依法召弟子，　向壇而作淨，　授彼三自歸，　住勝菩提心。
當為諸弟子，　結法界性印，　次結法輪印，　一心同彼體。
繒帛覆面門，　而起悲愍心，　令作不空手，　圓滿菩提故。

耳語而告彼，　無上正等戒，　次當為彼結，　正等三昧印，
授彼開敷花，　令發菩提意。　隨其所至處，　而教於學人，
作如是要誓，　一切應傳授。

具德持金剛又請白世尊：

唯願仁中勝，　演說灌頂法。

爾時薄伽梵安住於法界而告金剛手，一心應諦聽：

我說諸法教，　勝自在攝持，　師以如來性，　加持於自體。
或復以密印，　次應召弟子，　令住法界性，　大蓮華王中。
以四大菩薩，　所加持寶瓶，　結支分生印，　而用灌其頂。
髻中應授與，　大空暗字門，　心置無生句，　胸表無垢字。
或一切阿字，　髮髻金色光，　住白蓮華臺，　等同於仁者。

大毘盧遮那成佛神變加持經卷第三

大毘盧遮那成佛神變加持經卷第四

大唐天竺三藏善無畏共沙門一行譯

密印品第九

爾時薄伽梵毘盧遮那觀察諸大衆會，告執金剛祕密主言：「祕密主！有同如來莊嚴具，同法界趣幖幟，菩薩由是嚴身故，處生死中巡歷諸趣，於一切如來大會，以此大菩提幢而幖幟之。諸天、龍、夜叉、乾達婆、阿蘇囉、揭嚕*荼、緊那囉、摩睺羅伽、人非人等，敬而遶之，受教而行。汝今諦聽，極善思念，吾當演說。」

如是說已，金剛手白言：「世尊！今正是時。世尊！今正是時。」

爾時薄伽梵即便住於身無害力三昧，住斯定故，說一切如來入三昧耶，遍一切無能障礙力無等三昧力明妃曰：

南麼三曼多勃馱喃一　阿三迷二　呾履合二三迷三　三麼曳四　莎訶五

「祕密主！如是明妃示現一切如來地，不越三法道界，圓滿地波羅蜜。是密印相當用定慧手作空心合掌，以定慧二虛空輪並合而建立之。頌曰：

此一切諸佛，救世之大印，正覺三昧耶，於此印而住。

「又以定慧手為拳，虛空輪入於掌中而舒風輪，是為淨法界印。真言曰：

南麼三曼多勃陀喃一　達摩馱睹二　薩嚩合二婆嚩句痕三

「復以定慧手，五輪皆等，迭翻相鉤，二虛空輪，首俱相向。頌曰：

是名為勝願，吉祥法輪印，世依救世者，悉皆轉此輪。

「真言曰：

南麼三曼多勃馱喃一　伐折囉合引二呾麼合二句痕二

「復舒定慧二手，作歸命合掌，風輪相捻，以二空輪加於上，形如揭伽。頌曰：

此大慧刀印，　一切佛所說，　能斷於諸見，　謂俱生身見。

「真言曰：

南麼三曼多勃馱喃一　摩訶揭伽微囉闍二　達麼珊捺囉奢二合迦娑訶闍三　薩迦耶捺嘌二合瑟致上二合掣叱曳反諾入迦四　怛他引蘖多引地目訖底丁以反二合儞入社多五　微囉引伽達摩儞入社多𤙖六

「復以定慧二手作虛心合掌，屈二風輪，以二空輪絞之，形如商佉。頌曰：

此名為勝願，　吉祥法螺印，　諸佛世之師，　菩薩救世者，皆說無垢法，　至寂靜涅槃。

「真言曰：

南麼三曼多勃馱喃一　暗

「復以定慧手相合普舒散之，猶如健吒，二地輪、二空輪相持，令火風輪和合。頌曰：

吉祥願蓮華，　諸佛救世者，　不壞金剛座，　覺悟名為佛，
菩提與佛子，　悉皆從是生。

「真言曰：

南麼三曼多勃馱喃一　阿去急呼

「復以定慧手，五輪外向為拳，建立火輪，舒二風輪，屈為鉤形在傍持之。虛空地輪並而直上，水輪交合如拔折囉。頌曰：

金剛大慧印，　能壞無智城，　曉寤睡眠者，　天人不能壞。

「真言曰：

南麼三曼多伐折羅二合赦一　𤙖

「復以定慧手，五輪內向為拳，建立火輪，以二風輪置傍，屈二虛空相並。頌曰：

此印摩訶印，　所謂如來頂，　適纔結作之，　即同於世尊。

「真言曰：

南麼三曼多勃馱喃一　𤙖𤙖

「復以智慧手為拳，置於眉間。頌曰：

此名毫相藏，　佛常滿願印，　以纔作此故，　即同仁中勝。

「真言曰：

南麼三曼多勃馱喃一　阿去急呼痕若急呼

「住瑜伽座，持鉢相應，以定慧手俱在臍間，是名釋迦牟尼大鉢印。

「真言曰：

南麼三曼多勃馱喃一　婆上急呼

「復次，以智慧手上向，而作施無畏形。頌曰：

能施與一切，　衆生類無畏，　若結此大印，　名施無畏者。

「真言曰：

南麼三曼多勃馱喃一　薩婆他二　爾娜爾娜三　佩也那奢娜四　莎訶五

「復次，以智慧手下垂，作施願形。頌曰：

如是與願印，　世依之所說，　適纔結此者，　諸佛滿其願。

「真言曰：

南麼三曼多勃馱喃一　嚩囉娜伐折囉二合引怛麼二合迦二　莎訶

「復以智慧手為拳而舒風輪，以毘俱胝形住於等引。頌曰：

以如是大印，　諸佛救世尊，　恐怖諸障者，　隨意成悉地。

由結是印故，　大惡魔軍衆，　及餘諸障者，　馳散無所礙。

「真言曰：

南麼三曼多勃馱喃一　麼訶引沫羅嚩底丁以反二　捺奢嚩路嗢婆二合吠平三　摩訶引昧怛囇也三合　毘庚二合嗢蘗二合底丁以反四　莎訶

「復次，以智慧手為拳而舒火輪、水輪，以虛空輪而在其下。頌曰：

此名一切佛，　世依悲生眼，　想置於眼界，　智者成佛眼。

「真言曰：

南麼三曼多勃馱喃一　伽伽那嚩囉洛吃灑二合停上二　迦嚕停麼那三　怛他引蘗多斫

吃芻（二合四）　莎訶

「復次，以定*慧手，五輪內向為拳，而舒風輪，圓屈相合。頌曰：

此勝願索印，　壞諸造惡者，　真言者結之，　能縛諸不善。

「真言曰：

南麼三曼多勃馱喃（一）　係係摩訶（引）播奢（二）　鉢羅（二合）娑嘮那嚩也（二合三）　薩埵馱睹（四）　微模訶迦（五）　怛他（引）蘖多（引）地目吃底（丁以反二合）儞（入）社多（六）　莎訶（七）

「復次，以定慧手一合為拳，舒智慧手風輪，屈第三節猶如環相。頌曰：

如是名鉤印，　諸佛救世者，　招集於一切，　住於十地位，

菩提大心者，　及惡思衆生。

「真言曰：

南麼三曼多勃馱喃（一）　阿（去急呼）薩婆怛囉（引二合）鉢囉（二合）底（丁以反）訶諦（二）　怛他（引）蘖黨矩奢（三）　菩提浙嚩耶（二合）鉢嚩布邏迦（四）　莎訶（五）

「即此鉤印，舒其火輪而少屈之，是謂如來心印。彼真言曰：

南麼三曼多勃馱喃(一)　壤怒嗢婆(二合)嚩(二)　莎訶(三)

「復以此印舒其水輪而竪立之，名如來臍印。彼真言曰：

南麼三曼多勃馱喃(一)　阿沒嘌(二合)覩嗢婆(二合)嚩(二)　莎訶

「即以此印直舒水輪，餘亦竪之，名如來腰印。彼真言曰：

南麼三曼多勃馱喃(一)　怛他(引)蘖多三婆嚩(二)　莎訶

「復以定慧手，作空心合掌，以二風輪屈入於內，二水輪亦然，其二地輪令少屈而伸火輪，此是如來藏印。彼真言曰：

南麼薩婆怛他(引)蘖帝弊(毘也反一)　嚂嚂嘚嘚(二)　莎嚩(二合)訶

「即以此印散其水輪，向上置之，名大界印。彼真言曰：

南麼三曼多勃馱喃(一)　麗魯補嚗微矩麗(二)　莎訶(三)

「即以此印，其二火輪鉤屈相合，散舒風輪，名無堪忍大護印。彼真言曰：

南麼薩婆怛他(引)蘖帝弊(毘也反下同一)　薩婆佩也微蘖帝弊(二)　微濕嚩目契弊(三)　薩婆他(引四)

唅欠(五)　囉訖灑(二合)摩訶(引)沫麗(六)　薩婆怛他(引)蘖多本抳也(二合)儜(入)社帝(七)　吽吽(八)　怛囉(二合引二)

吒輕怛囉吒同上九　阿鉢囉二合底丁以反訶諦十　莎訶十一

「復以風輪而散舒之，空輪並入其中，名普光印。彼真言曰：

南麼三曼多勃馱喃一　入嚩引二合囉引摩履儞平二　怛他引蘖多嘌旨二合三　莎訶四

「又以定慧手作空心合掌，以二風輪持火輪側，名如來甲印。

「屈二水輪，二空輪合入掌中，押二水輪甲上，是如來舌相印。真言曰：

南麼三曼多勃馱喃一　怛他引蘖多爾訶嚩二合二　薩底也二合達摩鉢囉二合瑟恥二合多三

莎訶四

「以此印令風、水輪屈而相捻，空輪向上而少屈之，火輪正直相合，地輪亦如是，名如來語門印。彼真言曰：

南麼三曼多勃馱喃一　怛他引蘖多摩訶引嚩無各反吃怛囉三合二　微濕嚩二合壞引曩摩護娜也三　莎訶四

「如前印，以二風輪屈入掌中向上，名如來牙印。彼真言曰：

南麼三曼多勃馱喃一　怛他引蘖多能去瑟吒羅三合二　囉娑囉娑引鈀囉二合三　參鉢囉引二合

博迦四　薩婆怛他引蘖多五　微灑也參婆上嚩六　莎訶七

「又如前印相，以二風輪向上置之，屈第三節，名如來辯說印。彼真言曰：

南麼三曼多勃馱喃一　阿振底也二合娜部二合多二　嚕波嚩引三摩哆上鉢囉引二合鉢多二合三　微輸上馱娑嚩二合囉四　莎訶

「復次，以定慧手和合一相，作空心合掌，二地輪、空輪屈入相合，此是如來持十力印。彼真言曰：

南麼三曼多勃馱喃一　捺奢麼浪伽輕達囉二　𤙖參髯三　莎訶四

「又如前印，以二空輪、風輪屈上節相合，是如來念處印。彼真言曰：

南麼三曼多勃馱喃一　怛他引蘖多娑麼嘌三合底二　薩埵係哆弊毘庚反嗢蘖多三　伽伽那糝忙引糝麼四　莎訶四

「又如前印，以二空輪在水輪上，名一切法平等開悟印。彼真言曰：

南麼三曼多勃馱喃一　薩婆達摩三麼哆鉢囉引二合鉢多二合二　怛他引蘖哆弩蘖多三　莎訶四

「復以定慧手合為一，以二風輪加火輪上，餘如前，是普賢如意珠印。彼真言曰：

南麼三曼多勃馱喃一　參麼哆弩蘗多二　微囉若達摩儞入社多三　摩訶引摩訶四　莎訶五

「即此虛心合掌，以二風輪屈在二火輪下，餘如前，是慈氏印。彼真言曰：

南麼三曼多勃馱喃一　阿爾單若也二　薩婆薩埵引奢夜弩蘗多三　莎訶四

「又如前印，以二虛空輪入中，名虛空藏印。真言曰：

南麼三曼多勃馱喃一　阿去迦引奢參麼哆弩蘗多二　微質怛嚂二合嚩囉達囉三　莎訶四

「又如前印，以二水輪、二地輪屈入掌中，二風輪、火輪相合，是除一切蓋障印。彼真言曰：

南麼三曼多勃馱喃一　阿去急呼薩埵係哆弊毘庚反嚂蘗多二　怛嚂二合三　嚂嚂四　莎訶五

「如前以定慧手相合，散舒五輪猶如鈴鐸，以虛空地輪和合相持，作蓮華形，是觀自在印。真言曰：

南麼三曼多勃馱喃一　薩婆怛他引蘖哆嚩路吉多二　羯嚕儜麼也三　囉囉囉吽若四　莎訶五

「如前以定慧手作空心合掌，猶如未開敷蓮，是得大勢印。彼真言曰：

南麼三曼多勃馱喃一　髯髯娑急呼二　莎訶三

「如前以定慧手，五輪內向為拳，舉二風輪猶如針鋒，二虛空輪加之，是多羅尊印。彼真言曰：

南麼三曼多勃馱喃一　哆囇哆嚗抳二　羯嚕拏嗢婆上合二吠平三　莎訶四

「如前印，舉二風輪參差相押，是毘俱胝印。彼真言曰：

南麼三曼多勃馱喃一　薩婆佩也怛囉引合二散儞入二　吽娑破合二吒也三　莎訶四

「如前以定慧手空心合掌，水輪、空輪皆入於中，是白處尊印。彼真言曰：

南麼三曼多勃馱喃一　怛他引蘖多微灑也三婆上吠平二　鉢曇摩合二忙嚗儞入三　莎訶四

「如前印，屈二風輪置虛空輪下，相去猶如穬麥，是何耶揭哩嚩印。彼真言曰：

南麼三曼多勃馱喃一　佉娜也畔若娑破合二吒也二　莎訶三

「同前印，申二水輪、風輪，餘如拳，是地藏菩薩印。彼真言曰：

南麼三曼多勃馱喃一　訶訶訶二　蘇上怛弩三　莎訶四

「復以定慧手作空中合掌，火輪、水輪交結相持，以二風輪置二虛空輪上，猶如鉤形，餘如前，是聖者文殊師利印。彼真言曰：

南麼三曼多勃馱喃一　係係矩忙囉二　微目吃底合二鉢他悉體他以反二合多三　娑麼合二囉娑麼合二囉四　鉢囉合二底然五　莎訶六

「以三昧手為拳而舉風輪，猶如鉤形，是光網鉤印。彼真言曰：

南麼三曼多勃馱喃一　係係矩忙引囉二　忙引耶蘖多娑嚩合二婆去嚩悉體他以反二合多三　莎訶四

「即如前印，一切輪相皆少屈之，是無垢光印。彼真言曰：

南麼三曼多勃馱喃一　係矩忙引囉二　微質怛囉合二蘖底矩忙引囉三　麼弩娑麼合二囉四　莎訶五

「如前以智慧手為拳，其風火輪相合為一舒之，是繼室尼刀印。彼真言曰：

南麼三曼多勃馱喃一　係係矩忙引啒計二　娜耶壞難娑摩合二囉三　鉢囉合二底然四　莎訶五

「如前以智慧手為拳，而申火輪猶如戟形，是優波髻室尼戟印。彼真言曰：

南麼三曼多勃馱喃一　頻去娜夜壞難二　係矩忙引啒計三　莎訶四

「如前以三昧手為拳，而舒水輪、地輪，是地慧幢印。彼真言曰：

南麼三曼多勃馱喃一　係娑麼合二囉壞那計覩二　莎訶三

「以慧手為拳，而舒風輪猶如鉤形，是請召童子印。彼真言曰：

南麼三曼多勃馱喃一　阿去羯囉灑合二也薩鑁引二　矩嚕阿去然三　矩忙引囉寫四　莎訶五

「如前以定慧手為拳，舒二風輪屈節相合，是諸奉教者印。彼真言曰：

南麼三曼多勃馱喃一　阿去急呼微娑麼合二也儜曳平二　莎訶三

「如前以定慧手為拳，而舒火輪，屈第三節，是除疑怪金剛印。彼真言曰：

南麼三曼多勃馱喃一　微麼底掣鷄曳反諾迦二　莎訶三

「舉毘鉢舍那臂，作施無畏手，是施無畏者印。彼真言曰：

南麼三曼多勃馱喃一　阿佩延娜娜二　莎訶三

「如前舒智手而上舉之，是除惡趣印。彼真言曰：

南麼三曼多勃馱喃一　阿弊毘庚反達囉儜上薩埵馱敦二　莎訶三

「如前以慧手掩心，是救護慧印。彼真言曰：

南麼三曼多勃馱喃一　係摩訶引摩訶二　娑麼二合囉鉢囉二合底然三　莎訶四

「如前以慧手作持華狀，是大慈生印。彼真言曰：

南麼三曼多勃馱喃一　娑嚩二合制姤嚕蘗二合多二　莎訶三

「如前以慧手覆心，稍屈火輪，是悲念者印。彼真言曰：

南麼三曼多勃馱喃一　羯嚕儜沒麗二合昵多二　莎訶三

「如前以慧手作施願相，是除一切熱惱印。彼真言曰：

南麼三曼多勃馱喃一　係嚩囉娜二　嚩囉鉢囉二合引鉢多二合三　莎訶四

「如前以智慧手如執持真多摩尼寶形，是不思議慧印。彼真言曰：

南麼三曼多勃*馱喃一　薩摩舍鉢囉布囉二　莎訶三

「如前以定慧手為拳，令二火輪開敷，是地藏旗印。彼真言曰：

南麼三曼多勃馱喃一　訶訶訶微娑麼二合曳平二　莎訶三

「慧手為拳而舒三輪，是寶處印。彼真言曰：

南麼三曼多勃馱喃一　係摩訶引摩訶二　莎訶三

「以此慧手舒其水輪，是寶手菩薩印。彼真言曰：

南麼三曼多勃馱喃一　囉怛怒二合嗢婆上嚩二　莎訶三

「以定慧手作返相叉合掌，定手空輪、慧手地輪相交，般若於三昧亦復如是，餘如跋折羅狀，是持地印。彼真言曰：

南麼三曼多勃馱喃一　達囉尼尼仁反達囉二　莎訶三

「如前作五股金剛戟形，是寶印手印。彼真言曰：

南麼三曼多勃馱喃一　囉怛娜二合儞入喇爾二合多二　莎訶三

「即以此印令一切輪相合，是發堅固意印。彼真言曰：

南麼三曼多勃馱喃一　伐折囉合二三婆嚩二　莎訶三

「如前以定慧二手作刀，是虛空無垢菩薩印。彼真言曰：

南麼三曼多勃馱喃一　伽伽娜引難多愚者囉　莎訶

「如前輪印，是虛空慧印。彼真言曰：

南麼三曼多勃馱喃一　斫吃囉合二嚩入喇底丁以反二合二　莎訶三

「如前商佉印，是清淨慧印。彼真言曰：

南麼三曼多勃馱喃一　達磨三婆嚩二　莎訶三

「如前蓮華印，是行慧印。彼真言曰：

南麼三曼多勃馱喃一　缽曇摩合二囉上耶二　莎訶三

「同前青蓮華印而稍開敷，是安住慧印。彼真言曰：

南麼三曼多勃馱喃一　壞弩嗢婆合二嚩二　莎訶三

「如前以二手相合，而屈水輪相交入於掌中，二火輪、地輪向上相持，而舒風輪，屈第三節，令不相著猶如穬麥，是執金剛印。彼真言曰：

南麼三曼多伐折囉赧一　戰拏摩訶引嚕灑拏吽合二

「如前印，以二空輪、地輪屈入掌中，是忙莽雞印。彼真言曰：

南麼三曼多伐折囉赧一　怛嘌合二吒輕怛嘌吒同上二　若衍底丁以反　莎訶二

「如前以定慧手諸輪返叉，相糺向於自體而旋轉之，般若空輪加三昧虛*空輪，是金剛鎖印。彼真言曰：

南麼三曼多伐折囉赧一　吽合滿馱滿馱二　慕吒耶慕吒耶三　伐折嚕嗢婆合二吠平四　薩婆怛囉合引二鉢囉合二底丁以反訶帝五　莎訶六

「以此金剛鎖印，少屈虛空輪以持風輪，而不相至，是忿怒月黶印。彼真言曰：

南麼三曼多伐折囉赧一　曷唎二合急呼吽合發吒輕二　莎訶三

「如前以定慧手為拳，建立二風輪，而以相持，是金剛針印。彼真言曰：

南麼三曼多伐折囉合二赧一　薩婆達磨儞入吠達儞二　伐折囉合引二素旨嚩囉泥三　莎訶四

「如前以定慧手為拳而置於心，是金剛拳印。彼真言曰：

南麼三曼多伐折囉(合二)赧(一)　薩破(合二)吒也伐折囉(合二)三婆吠(平二)　莎訶(三)

「以三昧手為拳，舉翼開敷，智慧手亦作拳而舒風輪，如忿怒相擬形，是無能勝印。彼真言曰：

南麼三曼多伐折囉(合二)赧(一)　訥達㗚沙(合二)摩訶(引)嚧灑拏(二)　佉(引)捺耶薩鑁(引)怛他(引)蘖單然矩嚕(三)　莎訶(四)

「以定慧手為拳，作相擊勢持之，是阿毘目佉印。彼真言曰：

南麼三曼多伐折囉(合二)赧(一)　係阿毘目佉摩訶鉢囉(合二)戰拏(二)　佉(引)娜也緊旨囉(引)也徙(三)三麼耶麼努薩麼囉(合二)囉(四)　莎訶(五)

「如前持鉢相，是釋迦鉢印。彼真言曰：

南麼三曼多勃馱喃(一)　薩嚩訖麗(合二)奢儞(入)素捺耶(二)　薩婆達摩嚩始多(引)鉢囉(合二)鉢多(三)伽伽那三迷(四)　莎訶(五)

「釋迦毫相印如上。又以慧手指峯聚置頂上，是一切佛頂印。彼真言曰：

南麼三曼多勃馱喃一　鑁鑁二　𤙖𤙖𤙖三　發吒四輕　莎訶五

「以三昧手為拳，舒火、風輪，而以虛空加地、水輪上，其智慧手申風、火輪入三昧掌中，亦以虛空加地、水輪上，如在刀鞘，是不動尊印。

「如前金剛慧印，是降三世印。

「如前以定慧手合為一相，其地水輪皆向下，而申火輪二峯相連，屈二風輪置於第三節上，並虛空輪如三目形，是如來頂印佛菩薩母。

「復以三昧手覆而舒之，慧手為拳而舉風輪，猶如蓋形，是白傘佛頂印。

「如前刀印，是勝佛頂印。

「如前輪印，是最勝佛頂印。

「如前鉤印，慧手為拳，舉其風輪而少屈之，是除業佛頂印。

「如前佛頂印，是火聚佛頂印。

「如前蓮華印，是發生佛頂印。

「如前商佉印，是無量音聲佛頂印。

「以智慧手為拳置在眉間，是真多摩尼毫相印。
「如前佛頂印，是佛眼印，復有少異，所謂金剛標相。
「智慧手在心，如執蓮華像，直申奢摩他臂，五輪上舒而外向距之，是無能勝印。
「定慧手向內為拳，二虛空輪上向屈之如口，是無能勝明妃印。
「以智慧手承頰，是自在天印。
「即以此印令風、火輪差戾申之，是普華天子印。
「同前印，以虛空輪在於掌中，是光鬘天子印。
「同前印，以虛空、風輪作持華相，是滿意天子印。
「以智慧手，虛空、水輪相加，其風、火輪、地輪皆散舒之，以掩其耳，是遍音聲天印。
「定慧相合，二虛空輪圓屈，其餘四輪亦如是，是名地神印。
「如前以智慧手作施無畏相，以空輪在於掌中，是請召火天印。

「即以施無畏形，以虛空輪持水輪第二節，是一切諸仙印，隨其次第相應用之。

「如前以定慧手相合，風輪、地輪入於掌中，餘皆上向，是焰摩但*荼印。

「慧手向下，猶如健吒，是焰摩妃鐸印。

「以三昧手為拳，舒風、火輪，是暗夜天印。

「即以此印又屈風輪，是嚕達羅戟印。

「如前印，作持蓮華形，是梵天明妃印。

「如前印，屈其風輪加火輪背第三節，是嬌末離爍底印。

「即以此印令風輪加虛空上，是那羅延后輪印。

「三昧手為拳，令虛空輪直上，是焰魔七母鎚印。

「仰其定手如持劫鉢羅相，是遮文*荼印。

「如前揭伽印，是涅哩底刀印。

「如前輪印，以三昧手為之，是那羅延輪印。

「以轉定慧手左右相加，是難徒拔難陀二雲印。

「如前申三昧手，虛空、地輪相加，是商羯羅三戟印。

「如前伸三昧手，虛空、地輪相持，是商羯羅后印。

「即以此印直舒三輪，是商羯羅妃印。

「以三昧手作蓮華相，是梵天印。

「因作潔白觀，是月天印。

「以定慧手顯現合掌，屈虛空輪置水輪側，是日天輿輅印。

「合般若三昧手，地輪、風輪內向，其水、火輪相持如弓，是社耶毘社耶印。

「如前幢印，是風天印。

「仰三昧手在於臍輪，智慧手空風相持，向身運動如奏音樂，是妙音天費拏印。

「如前羂索印，是諸龍印。

「如前妙音天印，而屈風輪交空輪上，是一切阿脩羅印。真言曰：

南麼三曼多勃馱喃一　蘖囉暹延二　莎訶三

「內向為拳，而舒水輪，是乾闥婆印。真言曰：

南麼三曼多勃馱喃一　微輸馱薩嚩二合囉嚩引係儞平二　莎訶三

「即以此印而屈風輪，是一切藥叉印。真言曰：

南麼三曼多勃馱喃一　藥乞釵二合濕嚩二合囉二合　莎訶三

「又以此印，虛空輪、地輪相持而申火、風，是藥叉女印。真言曰：

南麼三曼多勃馱喃一　藥乞叉二合尾儞耶二合達[口*履]二　莎訶三

「內向為拳而舒火輪，是諸毘舍遮印。真言曰：

南麼三曼多勃馱喃一　比舍引遮蘖底以丁反二　莎訶三

「改屈火輪，是諸毘舍支印。真言曰：

南麼三曼多勃馱喃一　比旨比旨二　莎訶三

「如前以定慧手相合，並虛空輪而建立之，是一切執曜印。真言曰：

南麼三曼多勃馱喃一　蘖囉二合醯濕鞢二合[口*履]耶二合鉢囉二合引鉢多二合二　孺底以丁反麼耶三　莎

訶四

「復以此印，虛空、火輪相交，是一切宿印。真言曰：

南麼三曼多勃馱喃一　娜吃灑二合怛囉二合二　儞入囊捺儞平曳三　莎訶四

「即以此印，屈二水輪入於掌中，是諸羅刹娑印。真言曰：

南麼三曼多勃馱喃一　囉引吃灑二合娑引地鉢多曳二　莎訶三

「申三昧手以覆面門，爾賀嚩觸之，是諸荼吉尼印。真言曰：

南麼三曼多勃馱喃一　頡[口*履]二合莎訶二急呼

「祕密主！如是上首諸如來印，從如來信解生，即同菩薩之幖幟，其數無量。又，祕密主！乃至身分舉動住止，應知皆是密印，舌相所轉衆多言說，應知皆是真言。是故，祕密主！真言門修菩薩行諸菩薩，已發菩提心，應當住如來地，畫漫荼羅。若異此者，同謗諸佛菩薩，越三昧耶，決定墮於惡趣。」

大毘盧遮那成佛神變加持經卷第四

大毘盧遮那成佛神變加持經卷第五

大唐天竺三藏善無畏共沙門一行譯

字輪品第十

爾時薄伽梵毘盧遮那告持金剛秘密主言：「諦聽！祕密主！有遍一切處法門。祕密主！若菩薩住此字門，一切事業皆悉成就。

南麼三曼多勃馱喃阿

南麼三曼多勃馱喃娑

南麼三曼多伐折囉（二合）赧嚩

迦佉哦伽　遮車若社　吒咤拏荼　多他娜馱　波頗麼婆　野囉邏嚩　奢沙娑

訶

吃灑（二合右此一轉皆上聲短呼之）

南麼三曼多勃馱喃阿

南麼三曼多勃馱喃娑

南麼三曼多伐折囉赧嚩

迦佉誐伽　遮車惹社　吒咤拏荼　多他娜馱　波頗麼婆　野囉邏嚩　奢沙娑

訶

吃灑（二合右此一轉皆去聲長呼之）

南麼三曼多勃馱喃暗

南麼三曼多勃馱喃糝

南麼三曼多伐折囉赧鋑

劍欠儼儉　占襜染瞻　黏諂喃湛　擔探腩淡　㗔㖃𡅏㕹

闇嚂藍𡅏　睒衫參領吃衫（二合其口邊字皆帶第一轉本音呼之）

南麼三曼多勃馱喃噁

南麼三曼多勃馱喃索

南麼三曼多伐折囉赧莫

屩却虐噱　灼綽弱杓　磔坼搦擇　呾託諾鐸　博泊漠簿藥嗒落嗼　鑠嗦索臛

吃索二合皆帶第一轉音入聲呼之

伊縊塢烏　哩哩里狸　翳藹汙奧

仰壤拏曩莽　昂穰儜囊忙　噞髯喃南鑁噓弱搦諾莫

「祕密主！如是字門道善巧法門，次第住真言道，一切如來神力之所加持，善解正遍知道菩薩行*海，過去、未來、現在諸佛世尊已說、當說、今說。祕密主！我今普觀諸佛剎土，無不見此遍一切處法門，彼諸如來無有不宣說者。是故，祕密主！若欲了知真言門修菩薩行諸菩薩，於此遍一切處法門應勤修學，於舸、遮、吒、多、波初中後相，加以等持品類相入，自然獲得菩提心行，成等正覺及般涅槃。有此等所說字門相與和合真言法教，初中後俱，真言者若如是知，隨其自心而得自在，於此一一句決定意用之，以慧覺知當授無上殊勝句。如是一輪，輪轉字輪，真言者了知此故，常照世間如大日世尊而轉法輪。」

祕密漫荼羅品第十一

爾時薄伽梵毘盧遮那，以如來眼觀察一切法界，入於法界俱舍，以如來奮迅平等莊嚴藏三昧，以現法界無盡嚴故，以是真言行門度無餘衆生界，滿足本願故。時佛在三昧中，於如是無盡衆生界，從衆聲門出隨類音聲，如其本性，業生成熟受用果報，顯形諸色種種語言，心所思念而為說法，令一切衆生皆得歡喜。復於一一毛孔法界增身出現，出已等同虛空，於無量世界中以一音聲法界語表，演說如來發生偈：

能生隨類形，　諸法之法相，　諸佛與聲聞，　救世因緣覺，
勤勇菩薩衆，　及仁尊亦然。　衆生器世界，　次第而成立，
生住等諸法，　常恒如是生。　由具智方便，　離於無慧疑，
而觀此道故，　諸正遍知說。

爾時法界生如來身，一切法界自身表化雲遍滿。毘盧遮那世尊纔生心頃，諸

毛孔中出無量佛，展轉加持已，還入法界宮中。於是大日世尊復告持金剛祕密主言：「祕密主！有造漫荼羅聖尊分位種子幖幟，汝當諦聽，善思念之，吾今演說。」

持金剛祕密主言：「如是！世尊！願樂欲聞。」

時薄伽梵以偈頌曰：

真言者圓壇，　先置於自體，　自足而至臍，　成大金剛輪。
從此而至心，　當思惟水輪，　水輪上火輪，　火輪上風輪，
次應念持地，　而圖衆形像。

爾時金剛手昇於大日世尊身、語、意地法平等觀，念彼未來衆生，為斷一切疑故，說大真言王曰：

南麼三曼多勃馱喃一　阿三忙引鉢多二合達摩馱覩二　蘖登底孕反蘖哆喃三　薩婆他引四

暗引欠引暗噁五　糝索六　含鶴七　嚂嗒八　鑁嚩急呼九　莎訶牛合十　嚂嗒訶囉二合鶴十一　莎訶

嚂嗒十二　莎訶十三

持金剛祕密主說此真言王已，時一切如來住十方世界，各舒右手摩執金剛頂

，以善哉聲而稱歎言：「善哉！善哉！佛子！汝已超昇毘盧遮那世尊身、語、意地，為欲照明一切方所，住平等真言道諸菩薩故，說此真言王。何以故？毘盧遮那世尊、應、正等覺坐菩提座，觀十二句法界，降伏四魔。此法界生，三處流出，破壞天魔軍衆。次得世尊身、語、意平等，身量等同虛空，語意量亦如是。逮得無邊智生，於一切法自在而演說法，所謂此十二句真言之王。佛子！汝今現證毘盧遮那世尊平等身、語、意故，衆所知識，同於正遍知者。」

而說偈言：

汝問一切智，　大日正覺尊，　最勝真言行，　當演說法教。
我往昔由是，　發覺妙菩提，　開示一切法，　令至於滅度，
現在十方界，　諸佛咸證知。

爾時具德金剛手心大歡喜，諸佛威神所加持故，而說偈言：

是法無有盡，　無自性無住，　於業生解脫，　同於正遍知，
諸救世方便，　隨於悲願轉，　開悟無生智，　諸法如是相。

時執金剛祕密主復說優陀那偈，請問毘盧遮那世尊，於此大悲藏生大漫荼羅決斷所疑，為未來世諸衆生故。

已斷一切疑，種智離熱惱，我為衆生故，請問於導師。
曼荼羅何先？惟大牟尼說。阿闍梨有幾？弟子復幾種？
云何知地相？云何而擇治？云何當作淨？云何彼堅住？
及淨諸弟子？惟願導師說。云何已淨相？以何而作護？
云何加持地？事業誰為初？修多羅有幾？云何作地分？
幾種修供養？云何花香等？此華當獻誰？香亦復如是，
云何而奉獻？應以何花香？諸食與護摩，各以何軌儀？
及諸聖天座，願說此教法。身相顯形色，唯次第開演，
所尊之密印，及與自數座。何故名為印？是印從何生？
灌頂復幾種？三摩耶有幾？真言者幾時，勤修真言行，
當具菩薩道？云何見真諦？悉地有幾種，及與成就時？

云何昇大空？　云何身祕密？　不捨於此身，　而得成天身，
種種諸變化，　彼復從何生？　日月火方等，　曜宿星時分，
所現諸不祥，　生死受衆苦，　云何令不起？　所起盡除滅？
而得常親近，　諸佛兩足尊。　幾種護摩火？　幾事而增威？
諸佛差別性，　唯願導師說。　無餘諸世界，　及與出世間，
彼果及數量，　殊勝三摩地。　成熟在何所？　未成熟云何？
復*齊於幾時？　業生得解脫？　正覺一切智，　離熱惱世尊，
告金剛手言：　善哉大勤勇！　祕密漫荼羅，　決定聖天位，
大悲根本生，　無上摩訶衍，　諸佛最祕密，　如汝之所問。
大力持金剛，　我今略宣說，　漫荼羅初業，　佛子應諦聽！
十二支句生，　大力持明王，　所應最先作，　住於本三昧，
解了瑜伽道，　而作衆事業。　阿闍梨有二，　通達印真言，
彼相亦如是，　深祕顯略分，　能知深廣義，　可傳者方授。

正覺之長子，遠離於世樂，第二求現法，深著癡攣緣，
世間漫荼羅，一切為斯作。諸佛二足尊，灌頂傳教者，
說四種弟子，時非時差別，一者時念誦，非時俱非俱。
具有一切相，佛說親弟子，最初知地相，即所謂心地。
我已說作淨，如前修事業，若離於過患，心地無所畏。
當得成真淨，離一切諸過，堅住如是知，見自三菩提。
若異於此者，非能清淨地，若住妄分別，行者淨其地，
祕密主非淨，以離菩提心，故應捨分別，淨除一切地。
我廣說法教，所有漫荼羅，是中所先事，愚癡不知解。
非名世間覺，亦非一切智，乃至不能捨，分別諸苦因。
應當為弟子，而淨菩提心，護以不動尊，或用降三世。
若弟子不為，妄執之所動，當成最正覺，無垢喻虛空。
初加持是地，依於諸佛教，第二心自在，唯此非餘教。

四種蘇多羅，謂白黃赤黑，第五所應念，所謂虛空色。
空中而等持，印定漫荼羅，第二持綖經，置於道場地。
一切如來座，及諸佛智子，悅意妙蓮華，世間稱吉祥。
緣覺諸聲聞，所謂邊智者，當知所敷座，芰荷青蓮葉。
世界諸天神，梵衆以為初，赤色鉢曇華，彼稱為座王，
降此如所應，念居其地分。供養有四種，謂作禮合掌，
并及慈悲等，世間與華香。從手發生花，奉諸救世者，
結支分生印，而觀菩提心。各各諸如來，彼所生子等，
以是無過花，芬妙復光顯。法界為樹王，供養仁中尊，
真語以加持，三昧自在轉。勝妙廣大雲，法界中出生，
從彼雨衆花，常遍諸佛前。其餘世天等，亦當散此華，
奉獻隨相應，本真言性類。如是塗香等，亦隨其所應，
空水輪相持，是謂吉祥印，彼所奉花等，當自心獻之。

若諸世天神，應知在臍位，或金剛拳印，若復蓮華鬘。
而在空中獻，導師救世者，乃至諸世天，各如其次第。
護摩有二種，所謂內及外。業生得解脫，復有芽種生，
以能燒業故，說為內護摩。外用有三位，三位三中住，
成就三業道，世間勝護摩。若異此作者，不解護摩業，
彼癡不得果，捨離真言智。如來部真言，及諸正覺說，
當知白與黃，金剛具眾色。觀自在真言，純素隨事遷，
四方相重普，輪圓如次第。三隅半月輪，而說形亦然，
初應知色像，所謂男女身。或復一切處，隨其類形色，
不思議智生，是故不思議。應物有殊異，智智證常一，
乃至心廣博，當知是其量。座印亦如是，以及諸天神，
如諸佛所生，印等同彼生。以此法生印，印持諸弟子，
故略說法界，用是為幖幟。灌頂有三種，佛子至心聽！

若祕印方便，則離於作業，是名初勝法，如來所灌頂。
所謂第二者，令起作衆事；第三以心授，悉離於時方。
令尊歡喜故，如所說應作，現前佛灌頂，是則最殊勝。
正等覺略說，五種三昧耶。初見漫荼羅，具足三昧耶，
未傳真實語，不授彼密印。第二三昧耶，入覩聖天會；
第三具壇印，隨教修妙業。復次許傳教，說具三昧耶，
雖具印壇位，如教之所說。未逮心灌頂，祕密慧不生，
是故真言者，祕密道場中，具第五要誓，隨法應灌頂。
當知異此者，非名三昧耶。善住若觀意，真言者覺心，
不得於三處，說彼為菩薩。得無緣觀行，方便利衆生，
為植衆善本，故號仁中尊。於諸法本寂，常無自性中，
安住如須彌，是名為見諦。此空即實際，非虛妄言說，
所見猶如佛，先佛如是見。逮得菩提心，悉地最無上，

從此有五種，諸悉地差別。所謂入修行，及勝進諸地，
世間五神通，諸佛緣覺等。修業無間息，乃至心續淨，
未熟令成熟，爾時悉地成。於彼一時頃，淨業心俱等，
真言者當得，悉地隨意生。悉地昇空界，如幻無畏者，
呪術網所惑，同於帝釋網。如乾闥婆城，所有諸人民，
身祕密如是，非身亦非識。又如於睡夢，而遊諸天宮，
不捨於此身，亦不至於彼。如是瑜伽夢，住真言行者，
所生功德業，身相猶虹霓。真言如意珠，出生意語身，
隨念雨衆物，而無分別想。猶十方虛空，離諸有為行，
真言者不染，一切分別行。解了唯有想，如是遍觀察，
爾時真語者，諸佛同隨喜。正覺兩足尊，說二種護摩，
所謂內及外，增威亦如是。諸尊殊類性，觀察當證知，
世間諸真言，今說彼限量。福德自在等，衆知識天神，

彼所說明呪，　及與大力印。　彼皆現世果，　故說有分量，
雖成不堅住，　悉是生滅法。　出世間真言，　無作本不生，
業生悉已斷，　戰勝離三過。　麟角無師者，　及佛聲聞眾，
菩薩諸真言，　彼量我當說。　超越於三時，　眾緣所生起，
可見非見果，　從意語身生。　世間之所傳，　果數經一劫，
等正覺所說，　真言過劫數。　大仙正等覺，　佛子眾三昧，
清淨離於想，　有想為世間。　從業而獲果，　有成熟熟時，
若得成悉地，　自在轉諸業。　心無自性故，　遠離於因果，
解脫於業生，　生等同虛空。

「復次，祕密主諦聽！彼密印、形相、敷置聖天之位、威驗現前、三昧所趣，如是五者，往昔諸佛成菩提法界虛空行，本所誓願，度脫無餘眾生界，為欲利益安樂彼真言門修菩薩行諸菩薩故。」

金剛手言：「如是！世尊！願樂欲聞。」

時薄伽梵以偈頌曰：

最初正等覺，敷置漫荼羅，密中之祕密，大悲胎藏生。
及無量世間，出世漫荼羅，彼所有圖像，次第說當聽。
四方普周匝，一門及通道，金剛印遍嚴，中羯磨金剛。
其上妙蓮華，開敷含果實，於彼大蓮印，大空點莊嚴。
八葉悉圓正，善好具鬚蘂，十二支生句，普遍華臺中。
其上兩足尊，導師成正覺，以入漫荼羅，眷屬自圍繞。
當知此最初，悲生漫荼羅，從此流諸壇，各如其本教，
事業形悉地，安置諸佛子。復次祕密主！如來漫荼羅，
猶如淨圓月，內現商佉色。一切佛三角，在於白蓮華，
空點為幖幟，金剛印圍繞。從彼真言主，周匝放光明，
以無疑慮心，普遍而流出。復次祕密主！觀世自在者，
祕密漫荼羅，佛子一心聽。普遍四方相，中吉祥商佉，

出生鉢雲華，開敷含果實。上表金剛慧，承以大蓮印，
布一切種子，善巧以為種。多羅毘俱知，及與白處尊，
明妃資財主，及與大勢至，諸吉祥受教，皆在漫荼羅。
得自在者印，殊妙作標相，何耶揭哩婆，如法住三角。
漫荼羅圍繞，嚴好初日暉，當在明王邊，巧慧者安立。
復次祕密主！今說第二壇。正等四方相，金剛印圍繞，
一切妙金色，內心蓮華敷。臺現迦羅奢，光色如淨月，
亦以大空點，周匝自莊嚴。上表大風印，黳黮猶玄雲，
鼓動幢旛相，空點為幖幟。其上生猛焰，同於劫災火，
而作三角形，・三角以圍之。光鬘相周普，晨朝日暉色，
是中鉢頭摩，朱黰猶劫火。彼上金剛印，流散發焰暉，
持以𤙖字聲，勝妙種子字。先佛說是法，勤勇漫荼羅，
部母商愒羅，及金剛部主，金剛鉤索支，大德持明王，

一切皆於此，大漫荼羅中。印壇諸佛子，形色各如次，
隨類而相應，諸業善成就。復次我所說，金剛自在者，
謂虛空無垢，金剛輪及牙。妙住與名稱，大忿*大迅利，
寂然大金剛，并及青金剛，蓮華及廣眼，妙金剛金剛，
及住無戲論，無量虛空步。是等漫荼羅，所說白黃赤，
乃至黑色等，印形及所餘。三戟一股印，二首皆五峯，
或執金剛鬘，隨色類區別。一切作種子，大福德當知，
不動漫荼羅，風輪與火俱，依涅哩底方，大日如來下。
及種子圍繞，微妙大慧*力，或復羂索印，具慧者安布。
降三世殊異，謂在風輪中，繞以金剛印，而住於三處。
復次祕密主！先說漫荼羅。諸佛菩薩母，安置壇形像，
方正真金色，金剛印圍繞。最勝漫荼羅，今當示尊相，
彼中大蓮華，暉焰遍黃色。中置如來頂，超越於中分，

而至三分位，應作如來眼。自住光焰中，遍布彼種子，
次一切菩薩，大如意寶尊。謂彼漫荼羅，圓白而四出，
遍寂極清淨，滿一切希願。復次應諦聽，釋迦師子壇。
謂大因陀羅，妙善真金色，四方相均等，如前金剛印。
上現波頭摩，周遍皆黃暉，大鉢具光焰，金剛印圍繞，
袈裟錫杖等，置之如次第。五種如來頂，諦聽今當說，
白傘以傘印，具慧者勝頂，圍以大慧刀，普遍皆流光。
最勝頂輪印，除障頂鉤印，大士頂髻相，是名火聚印。
廣生跋折羅，發生以蓮華，無量聲商佉，觀察知像類。
毫相摩尼珠，佛眼次當*觀，頂髻遍黃色，圍以拔折羅。
無能勝妃印，以手持蓮華，無能勝大口，而在黑蓮上，
淨境界之行，所謂淨居天。置彼諸印相，佛子應諦聽！
所謂思惟手，善手及笑手，華手虛空手，畫之如法則。

地神迦羅奢，圓白金剛圍，請召火天印，當以大仙手。
迦攝驕答摩，末建拏竭伽，婆私倪刺婆，各如其次第。
應畫韋陀手，而居火壇內，閻摩但*荼印，常處風輪中。
沒栗底鈴印，黑夜計都印，滂達羅輸羅，大梵妃蓮華。
俱摩利鑠底，毘瑟女輪印，當知焰摩后，以沒揭羅印，
嬌吠離耶后，用劫跋羅印，如是等皆在，風漫*荼羅中。
烏鷲及婆栖，野干等圍繞，若欲成悉地，依法以圖之。
涅哩底大刀，毘紐勝妙輪，鳩摩羅爍底，難*陀跋難陀。
密雲與電俱，皆具清潭色，夾輔門廂衛，在釋師子壇。
商羯羅三戟，妃作鉢胝印，月天迦羅奢，淨白蓮華敷，
日天金剛輪，表以輿輅像。社耶毘社耶，當知大力者，
俱以大弓印，在因陀羅輪。風方風幢印，妙音樂器印，
縛嚕拏羂索，而在圓壇中，汝大我應知，種子字環繞。

如是等標誌，如次漫荼羅，釋師子眷屬，今已略宣說。
佛子次諦聽，施願金剛壇。四方相均普，衛以金剛印，
當於彼中作，火生漫荼羅，內心復安置，妙善青蓮印。
智者曼殊音，本真言圍之，如法布種子，而以為種子。
復於其四傍，嚴飾以青蓮，圖作勤勇衆，各如其次第。
光網以鉤印，寶冠持寶印，無垢光童子，青蓮而未敷。
妙音具大慧，所說諸使者，當知彼密印，各如其所應。
髻設尼刀印，優波輸羅印，質怛羅杖印，地慧以幢印，
彼招召使者，以鵞俱尸印。一切如是作，圍以青蓮華，
所有諸奉教，皆羗揭梨印。復次南方印，除一切蓋障。
大精進種子，謂真陀摩尼，住於火輪中，翼從端嚴衆。
當知彼眷屬，祕密之標誌，次第應圖畫，我今廣宣說。
除疑以寶瓶，置一股金剛，聖者施無畏，作施無畏手，

除一切惡趣，發起手為相。救意慧菩薩，悲手常在心，
大悲生菩薩，應以執華手，悲念在心上，垂屈火輪手，
除一切熱惱，作施諸願手。甘露水流注，遍在諸指端，
具不思議慧，持如意珠手。皆住蓮華上，在漫荼羅中。
北方地藏尊，密印次當說。先作莊嚴座，在因陀羅壇，
大蓮發光焰，間錯備衆色。於彼建大幢，大寶在其端，
是名為最勝，密印之形像。復當慇懃作，上首諸眷屬，
無量無數衆，彼諸慕達羅。寶作於寶上，三股金剛印，
寶掌於寶上，一股金剛印，持地於寶上，二首金剛印，
寶印手寶上，五股金剛印，堅意於寶上，羯磨金剛印，
一切皆應住，彼漫荼羅中。西方虛空藏，圓白悅意壇，
大白蓮華座，置大慧刀印，如是堅利刃，鋒銳猶氷霜。
自種子為種，智者當安布，及畫諸眷屬，印形如法教。

虛空無垢尊，應當以輪印，輪像自圍繞，具足在風壇。
虛空慧商佉，在風漫荼羅，清淨慧白蓮，在風漫荼羅。
行慧之印相，當以車渠瓶，上插青蓮華，在風漫荼羅。
安慧金剛蓮，在風漫荼羅。略說佛祕藏，諸尊密印竟。

入祕密漫荼羅法品第十二

爾時世尊又復宣說入祕密漫荼羅法優陀那曰：

真言遍學者，通達祕密壇，如法為弟子，燒盡一切罪。
壽命悉焚滅，令彼不復生，同於灰燼已，彼壽命還復。
謂以字燒字，因字而更生，一切壽及生，清淨遍無垢。
以十二支句，而作於彼器。如是三昧耶，一切諸如來，
菩薩救世者，及佛聲聞衆，乃至諸世間，平等不違逆。
解此平等誓，祕密漫荼羅，入一切法教，諸壇得自在。

我身等同彼，真言者亦然，以不相異故，說名三昧耶。

入祕密漫荼羅位品第十三

爾時大日世尊入於等至三昧，觀未來世諸眾生故，住於定中。即時諸佛國土地平如掌，五寶間錯懸大寶蓋，莊嚴門標眾色流蘇其相長廣，寶鈴、白拂、名衣、幡珮綺絢垂布而校飾之，於八方隅建摩尼幢。八功德水芬馥盈滿，無量眾鳥、鴛鴦、鵝鵠出和雅音，種種浴池時華、雜樹敷榮間列芳茂嚴好，八方合繫五寶瓔繩，其地柔軟猶如綿纊，觸踐之者皆受快樂。無量樂器自然諧韻，其聲微妙人所樂聞。無量菩薩隨福所感，宮室殿堂意生之座，如來信解願力所生，法界幖幟大蓮華王出現，如來法界性身安住其中，隨諸眾生種種性欲令得歡喜。時彼如來一切支分無障礙力，從十智力信解所生，無量形色莊嚴之相，無數百千俱胝那由他劫，布施、持戒、忍辱、精進、禪定、智慧諸度功德所資長身即時出現，彼出現已，於諸世界大眾會中發大音聲而說偈言：

諸佛甚奇特，　權智不思議，　無阿賴耶慧，　含藏說諸法。
若解無所得，　諸法之法相，　彼無得而得，　得諸佛導師。

說如是音聲已，還入如來不思議法身。

爾時世尊復告執金剛祕密主言：「善男子！諦聽內心漫荼羅。祕密主！彼身地即是法界自性，真言密印加持而加持之，以本性清淨故，羯磨金剛所護持故，淨除一切塵垢、我、人、衆生、壽者、意生、儒童、造立者等株杌過患。方壇四門，*四向通達周旋界道，內現意生八葉大蓮華王，抽莖敷蘂，綵絢端妙。其中如來一切世間最尊特身，超越身、語、意地至心地，逮得殊勝悅意之果，於彼東方寶幢如來、南方開敷華王如來、北方鼓音如來、西方無量壽如來、東南方普賢菩薩、東北方觀自在菩薩、西南方妙吉祥童子、西北方慈氏菩薩，一切蘂中，佛菩薩母六波羅蜜三昧眷屬而自莊嚴，下列持明諸忿怒衆、持金剛主菩薩以為其莖，處于無盡大海，一切地居天等其數無量而環繞之。

「爾時行者為成三昧耶故，應以意生香華、燈明、塗香、種種餚膳一切皆以獻之。」優陀那曰：

真言者誠諦，圖畫漫荼羅。自身為大我，囉字淨諸垢，
安住瑜伽座，尋念諸如來。頂授諸弟子，阿字大空點，
智者傳妙花，令散於自身。為說內所見，行人宗奉處，
此最上壇故，應與三昧耶。

祕密八印品第十四

爾時毘盧遮那世尊復觀諸大眾會，告執金剛祕密主言：「佛子！有祕密八印最為祕密，聖天之位威神所同，自真言道以為幖幟，圖具漫荼羅，如本尊相應。若依法教於真言門修菩薩行諸菩薩，應如是知，自身住本尊形堅固不動，知本尊已，如本尊住而得悉地。云何八印？謂以智慧三昧手作空心合掌，而散風輪、地輪，如放光焰，是世尊本威德生印，其漫荼羅三角而具光明。彼真言曰：

南麼三曼多勃馱喃一　嚂落二　莎訶

「即以此印，而屈風輪，在虛空輪上，如嚩字形，是世尊金剛不壞印，其漫茶羅如嚩字相，有金剛光。彼其真言曰：

南麼三曼多勃馱喃一　鑁嚩急呼二　莎訶

「復以初印而散水輪、火輪，是名蓮華藏印，其漫茶羅如月輪相，以波頭摩華而圍繞之。彼真言曰：

南麼三曼多勃馱喃一　糝索二　莎訶

「即以此印，屈二地輪入於掌中，是如來萬德莊嚴印，其漫茶羅猶如半月形，以大空點圍之。彼真言曰：

南麼三曼多勃馱喃一　含鶴二　莎訶

「復以定慧手，作未開敷華合掌，建立二虛空輪而稍屈之，是如來一切支分生印，其漫茶羅如迦羅捨滿月之形，金剛圍之。彼真言曰：

南麼三曼多勃馱喃一　暗噁二　莎訶

「即以此印屈其火輪，餘相如前，是世尊陀羅尼印，其漫茶羅猶如彩虹而遍圍之，垂金剛幡。彼真言曰：

南麼三曼多勃馱喃一　勃馱陀羅尼二上　娑沒嘌三合底沫羅馱那羯嚩三　馱囉也薩鑁四　薄伽輕嚩底五　阿去迦引囉嚩底六　三麼曳七　莎訶

「復以虛心合掌開散火輪，其地輪、空輪和合相持，是謂如來法住印，其漫荼羅猶如虛空，以雜色圍之，有二空點。彼真言曰：

南麼三曼多勃馱喃一　阿去吠娜尾泥二　莎訶

「同前虛心合掌，以智慧三昧手互相加持而自旋轉，是謂世尊迅疾持印，其漫荼羅亦如虛空，而用青點嚴之。彼真言曰：

南麼三曼多勃馱喃一　摩訶引瑜伽輕瑜擬宜以反寧二上　瑜詣說嚩三　欠若唎計四　莎訶

「祕密主！是名如來祕密印最勝祕密，不應輒授與人，除已灌頂其性調柔，精勤堅固發殊勝願，恭敬師長念恩德者，內外清淨捨自身命而求法者。」

持明禁戒品第十五

爾時金剛手復以偈頌請問大日世尊持明禁戒，為真言門修菩薩行諸菩薩故。

云何成禁戒？　云何住尸羅？　云何隨所住，　修行離諸著？
修行幾時月，　禁戒得終竟？　住於何法教，　而知彼威德？
離時方作業，　及法非法等，　云何而速成？　願佛說其量，
先佛所宣說，　令得於悉地。　我問一切智，　正覺兩足尊，
為未來衆生，　仁中尊證知。

是時薄伽梵毘盧遮那哀愍衆生故，而說偈言：

善哉勤勇士，　大德持金剛！　所說殊勝戒，　古佛所開演，
緣明所起戒，　住戒如正覺。　令得成悉地，　為利世間故，
等起自真實，　不生疑慮心，　常住於等引，　修行戒當竟。
菩提心及法，　及修學業果，　和合為一相，　遠離諸造作，
具戒如佛智，　異此非具戒。　得諸法自在，　通達利衆生，
常修無著行，　等礫石衆寶，　乃至滿落叉，　所說真言教，

畢於時月等，禁戒量終竟。最初金輪觀，住大因陀羅，
當結金剛印，飲乳以資身。行者一月滿，能調出入息。
次於第二月，嚴正水輪中，應以蓮華印，而服醇淨水。
次於第三月，勝妙火輪觀，噉不求之食，即以大慧力，
燒滅一切罪，而生身意語。第四月風輪，行者常服風，
結轉法輪印，攝心以持誦。金剛水輪觀，依住於瑜伽，
是為第五月，遠離得非得，行者無所著，等同三菩提。
和合風火輪，出過衆過患，復一月持誦，亦捨利非利。
梵釋等天衆，摩睺毘舍遮，遠住而敬禮，一切為守護。
皆悉奉教命，彼常得如是，人天藥叉神，持明諸靈仙，
翊侍其左右，隨所命當作。不善為障者，羅剎七母等，
見持真言者，恭敬而遠之，見是處光明，馳散如猛火。
隨所住法教，皆依明禁故，等正覺真子，一切得自在。

調伏難降者，　如大執金剛，　饒益諸群生，　同於觀世音。
經逾六月已，　隨所願成果，　常當於自他，　悲愍而救護。

阿闍梨真實智品第十六

爾時持金剛者，次復請問大日世尊諸漫荼羅真言之心，而說偈言：

云何為一切，　真言實語心？　云何而解了，　說名阿闍梨？
爾時薄伽梵，　大毘盧遮那，　慰喻金剛手：　善哉摩訶薩！
令彼心歡喜，　復告如是言：　解祕中最祕，　真言智大心，
今為汝宣說，　一心應諦聽。　所謂阿字者，　一切真言心，
從此遍流出，　無量諸真言。　一切戲論息，　能生巧智慧，
祕密主何等，　一切真語心？　佛兩足尊說，　阿字名種子，
故一切如是，　安住諸支分。　如相應布已，　依法皆遍授，
由彼本初字，　遍在增加字。　衆字以成音，　支體由是生，

故此遍一切，身生種種德。今說所分布，佛子一心聽，
以心而作心，餘以布支分。一切如是作，即同於我體，
安住瑜伽座，尋念諸如來。若此於教法，解斯廣大智，
正覺大功德，說為阿闍梨。是即為如來，亦即名為佛，
菩薩及梵天，毘紐摩醯羅。日月天水天，帝釋世間主，
黑夜焰摩等，地神與妙音。梵志及常浴，亦名梵行者，
漏盡比丘衆，吉祥持祕密。一切智見者，法自在財富，
若住菩提心，及與聲智性。不著一切法，說名遍一切，
即是真語者，持吉祥真言。真實語之王，持執金剛印，
所有諸字輪，若在於支分。當知住眉間，𤙖字金剛句，
娑字在脣下，是謂蓮華句。我即同心位，一切處自在，
普遍於種種，有情及非情。阿字第一命，嚩字名為水，
囉字名為火，𤙖字名忿怒。佉字同虛空，所謂極空點，

知此最真實，　說名阿闍梨。　故應具方便，　了知佛所說，
常作精勤修，　當得不死句。

布字品第十七

爾時世尊復告金剛手言：

復次祕密主！　諸佛所宣說，　安布諸字門，　佛子一心聽。
迦字在咽下，　佉字在齶上，　誐字以為頸，　伽字在喉中。
遮字為舌根，　車字在舌中，　若字為舌端，　社字舌生處。
吒字以為脛，　咤字應知髀，　拏字說為腰，　茶字以安坐。
多字最後分，　他字應知腹，　娜字為二手，　馱字名為脇。
波字以為背，　頗字應知胸，　麼字為二肘，　婆字次臂下。
莾字住於心，　耶字陰藏相，　囉字名為眼，　邏字為廣額。
縊伊在二眥，　塢烏為二脣，　翳藹為二耳，　污奧為二頰。

暗字菩提句，　嚩字般涅槃，　知是一切法，　行者成正覺。
一切智資財，　常在於其心，　世號一切智，　是謂薩婆若。

大毘盧遮那成佛神變加持經卷第五

大毘盧遮那成佛神變加持經卷第六

大唐天竺三藏善無畏共沙門一行譯

受方便學處品第十八

爾時執金剛祕密主白佛言：「世尊！願說諸菩薩摩訶薩等具智慧方便所修學句，令歸依者於諸菩薩摩訶薩無有二意，離疑惑心，於生死流轉中常不可壞。」如是說已，毘盧遮那世尊以如來眼觀一切法界，告執金剛祕密主言：「諦聽！金剛手！今說善巧修行道。若菩薩摩訶薩住於此者，當於大乘而得通達。祕密主！菩薩持不奪生命戒所不應為，持不與取及欲邪行、虛誑語、麁惡語、兩舌語、無義語戒，貪欲、瞋恚、邪見等皆不應作。祕密主！如是所修學句菩薩隨所修學，則與正覺世尊及諸菩薩同行，應如是學。」

爾時執金剛祕密主白佛言：「世尊薄伽梵於聲聞乘亦說如是十善業道，世間人民及諸外道，亦於十善業道常願修行。世尊！彼有何差別？云何種種殊異？」

如是說已，佛告執金剛祕密主言：「善哉！善哉！祕密主！汝復善哉，能問如來如是義。祕密主！應當諦聽，吾今演說差別道一道法門。祕密主！若聲聞乘學處，我說離慧方便，教令成就開發邊智，非等行十善業道。彼諸世間，復離執著我故他因所轉。菩薩修行大乘，入一切法平等，攝受智慧方便，自他俱故諸所作轉。是故，祕密主！菩薩於此攝智方便入一切法平等，當勤修學。」

爾時世尊復以大慈悲眼觀諸衆生界，告金剛手菩薩言：「祕密主！彼諸菩薩盡形壽持不奪生命戒，應捨刀杖離殺害意，護他壽命猶如己身。有餘方便，於諸衆生類中隨其事業，為解脫彼惡業報故，有所施作非怨害心。

「復次，祕密主！菩薩持不與取戒，若他所攝諸受用物，不起觸取之心，況復餘物不與而取！有餘方便，見諸衆生慳悋積聚不修施福，隨其像類害彼慳故，離於自他為彼行施，因讚時施獲妙色等。祕密主！若菩薩發起貪心而觸取之，是菩薩退菩提分，越無為毘奈耶法。

「復次，祕密主！菩薩持不邪婬戒，若他所攝、自妻、自種族，標相所護，不發貪心，況復非道？二身交會有餘方便，隨所應度攝護眾生。

「復次，祕密主！菩薩盡形壽持不妄語戒，設為活命因緣不應妄語，即為欺誑諸佛菩提。祕密主！是名菩薩住於最上大乘，若妄語者越失佛菩提法。是故，祕密主！於此法門應如是知，捨離不真實語。

「復次，祕密主！菩薩受持不麁惡罵戒，應當以柔軟心語隨類言辭，攝受諸眾生等。何以故？祕密主！菩提薩埵初行利樂眾生，或餘菩薩見住惡趣因者，為折伏之而現麁語。

「復次，祕密主！菩薩受持不兩舌語戒，離間隙語，離惱害語。犯者非名菩薩，不於眾生起離坼之心。有異方便，若彼眾生隨所見處生著，如其像類說離間言語，令住於一道，所謂一切智智道。

「復次，祕密主！菩薩持不綺語戒，以隨類言辭，時方和合出生義利，令一切眾生發歡喜心，淨耳根道。何以故？菩薩有差別語故。或餘菩薩以戲笑為先，發起眾生欲樂令住佛法，雖具出無義利語，如是菩薩不著生死流轉。

「復次，祕密主！菩薩應當持不貪戒，於彼受用他物中不起染思。何以故？無有菩薩生著心故。若菩薩心有染思，彼於一切智門無力而墮一邊。又，祕密主！菩薩應發起歡喜，生如是心：我所應作，令彼自然而生，極為善哉！數自慶慰，勿令彼諸眾生損失資財故。

「復次，祕密主！菩薩應當持不瞋戒，遍一切處常修安忍，不著瞋喜，於怨及親其心平等而轉。何以故？非菩提薩埵而懷惡意。所以者何？以菩薩本性清淨故。是故，祕密主！菩薩應持不瞋恚戒。

「復次，祕密主！菩薩應當捨離邪見，行於正見，怖畏他世，無害、無曲、無諂，其心端直，於佛法僧心得決定。是故，祕密主！邪見最為極大過失，能斷菩薩一切善根，是為一切諸不善法之母。是故，祕密主！下至戲笑亦當不起邪見因緣。」

爾時執金剛祕密主白佛言：「世尊！願說十善道戒，斷極根斷。云何菩薩王位自在，處於宮殿，父母、妻子、眷屬圍繞，受天妙樂而不生過？」

如是說已，佛告執金剛言：「善哉！善哉！祕密主！汝當諦聽，善思念之，吾今演說菩薩毘尼決定善巧。祕密主！應知菩薩有二種。云何為二？所謂在家、出家。祕密主！彼在家菩薩，受持五戒句，勢位自在，以種種方便道隨順時方，自在攝受，求一切智。所謂具足方便，示理舞伎天祠主等種種藝處，隨彼方便，以四攝法攝取眾生，皆使志求阿耨多羅三藐三菩提。謂持不奪生命戒，及不與取、虛妄語、欲邪行、邪見等，是名在家五戒句。菩薩受持如所說善戒，應具諦信，當勤修學，隨順往昔諸如來學處，住有為戒，具足智慧方便，得至如來無上吉祥無為戒蘊。有四種根本罪，乃至活命因緣亦不應犯。云何為四？謂謗諸法、捨離菩提心、慳悋、惱害眾生。所以者何？此性是染，非持菩薩戒。何以故？

過去諸正覺，　及與未來世，　現在仁中尊，　具足智方便，

修行無上覺，　得無漏悉地。　亦說餘學處，　離於方便智，
當知大勤勇，　誘進諸聲聞。」

說百字生品第十九

爾時毘盧遮那世尊觀察諸大會眾，說不空教隨樂欲，成就一切真言自在、真言之王、真言導師、大威德者，安住三三昧耶，圓滿三法故，以妙音聲告大力金剛手言：「勤勇士！一心諦聽諸真言。」

真言導師即時住於智生三昧，而說出生種種巧智百光遍照真言曰：

南麼三曼多勃馱喃一　暗

佛告金剛手：　此一切真言，　真王救世者，　成就大威德。
即是正等覺，　法自在牟尼，　破諸無智暗，　如日輪普現。
是我之自體，　大牟尼加持，　利益眾生故，　應化作神變。
乃至令一切，　隨思願生起，　悉能為施作，　神變無上句。

故當一切種，　淨身離諸垢，　應理常勤修，　志願佛菩提。

百字果相應品第二十

爾時毘盧遮那世尊告執金剛祕密主言：「祕密主！若入大覺世尊大智灌頂地，自見住於三三昧耶句。祕密主！入薄伽梵大智灌頂，即以陀羅尼形示現佛事。」爾時大覺世尊隨住一切諸眾生前，施作佛事，演說三三昧耶句。佛言：「祕密主！觀我語輪境界，廣長遍至無量世界清淨門，如其本性表示隨類法界門，令一切眾生皆得歡喜。亦如今者釋迦牟尼世尊流遍無盡虛空界，於諸剎土勤作佛事。祕密主！非諸有情能知世尊是語輪相，流出正覺妙音莊嚴瓔珞，從胎藏生佛之影像，隨眾生性欲令發歡喜。爾時世尊於無量世界海門，遍法界慇懃勸發成就菩提，出生普賢菩薩行願，於此妙華布地胎藏莊嚴世界種性海中受生，以種種性清淨門，淨除佛剎現菩提場而住佛事。次復志求三藐三菩提句，以知心無量故，知身無量。知身無量故，知智無量。知智無量故，即知眾生無量。知眾生無量故，即知虛空界無量。祕密主！由心無量故，得四種無量，得已成最正覺，具十智力，降伏四魔，以無所畏而師子吼。」

佛說偈言：

勤勇此一切，　無上覺者句，　於百門學處，　諸佛所說心。

百字位成品第二十一

爾時執金剛秘密主得未曾有，而說偈言：

佛說真言救世者，能生一切諸真言。摩訶牟尼云何知？誰能知此從何處？誰生如是諸真言？生者為誰惟演說。大勤勇士說中上，如此一切願開示。

爾時薄伽梵，　法自在牟尼，　圓滿普周遍，　悉遍諸世界，
一切智慧者，　大日尊告言：　善哉摩訶薩！　大德金剛手！
吾當一切說，　微密最希有，　諸佛之祕要，　外道不能知。
若悲生漫荼，　得大乘灌頂，　調柔具善行，　常悲利他者。

有緣觀菩提，　常所不能見，　彼能有知此，　內心之大我。
隨其自心位，　導師所住處，　八葉從意生，　蓮華極嚴麗，
圓滿月輪中，　無垢猶淨鏡，　於彼常安住，　真言救世尊。
金色具光焰，　住三昧害毒，　如日難可觀，　諸衆生亦然。
常恒於內外，　普周遍加持，　以如是慧眼，　了知意明鏡。
真言者慧眼，　觀是圓鏡故，　當見自形色，　寂然正覺相。
身生身影像，　意從意所生，　常出生清淨，　種種自作業。
次於彼光現，　圓照如電焰，　真言者能作，　一切諸佛事。
若見成清淨，　聞等亦復然，　如意所思念，　能作諸事業。

「復次，祕密主！真言門修菩薩行諸菩薩，如是自身影像生起，無有殊勝過三菩提。如眼、耳、鼻、舌、身、意等，四大種攝持集聚，彼如是自性空，唯有名字所執，猶如虛空無所執著，等於影像，彼如來成正覺，互相緣起無有間絕。若從緣生，彼即如影像生。是故諸本尊即我，我即本尊，互相發起，身所生身，

尊形像生。祕密主！觀是法緣通達慧，通達慧緣法，彼等遞為作業，無住性空。祕密主！云何從意生？意能生影像。祕密主！譬如若白、若黃、若赤，作意者作時染著意生彼同類，如是身轉。祕密主！又如內觀意中漫荼羅，療治熱病，彼衆生熱病即時除愈，無有疑惑，非漫荼羅異意，非意異漫荼羅。何以故？彼漫荼羅一相故。祕密主！又如幻者幻作男子，而彼男子又復作化。祕密主！於意云何？彼何者為勝？」

時金剛手白佛言：「世尊！此二人者，無相異也。何以故？世尊！非實生故，是二男子本性空故，等同於幻。」

「如是，祕密主！意生衆事及意所生，如是俱空，無二無別。」

百字成就持誦品第二十二

爾時世尊告執金剛祕密主言：「諦聽！祕密主！真言救世者身身無有異分，意從意生，令善淨除普皆有光，彼處流出相應而起遍諸支分，彼愚夫類常所不知，不達此道，乃至身所生分無量種故，如是真言救世者分說亦無量，譬如吉祥真陀摩尼隨諸樂欲而作饒益，如是世間照世者身，一切義利無所不成。祕密主！云何無分別法界一切作業隨轉？秘密主！亦如虛空界，非眾生、非壽者、非摩奴闍、非摩納婆、非作者、非吠陀、非能執、非所執，離一切分別及無分別，而彼無盡眾生界，一切去來諸有所作不生疑心。如是無分別一切智智等同虛空，於一切眾生內外而轉。」

爾時世尊又復宣說淨除無盡眾生界句、流出三昧句、不思議句、轉他門句：

若本無所有，　隨順世間生，　云何了知空，　生此瑜伽者？
若自性如是，　覺名不可得，　當等空心生，　所謂菩提心。
應發起慈悲，　隨順諸世間，　住於唯想行，　是即名諸佛。
當知想造立，　觀此為空空，　如下數法轉，　增一而分異。
勤勇空亦然，　增長隨次第，　即此阿字等，　自然智加持。

阿嚩　迦佉哦伽　遮車若社　吒咤拏荼　多他娜馱　波頗摩婆　野囉邏嚩

奢沙娑訶　仰壤拏曩莽

「祕密主！觀此空中流散假立，阿字之所加持，成就三昧道。祕密主！如是阿字，住於種種莊嚴布列圖位，以一切法本不生故，顯示自形。或以不可得義，現嚩字形。或諸法遠離造作故，現迦字形。或一切法等虛空故，現佉字形。或行不可得故，現誐字形。或諸法一合相不可得故，現伽字形。或一切法離生滅故，現遮字形。或一切法無影像故，現車字形。或一切法生不可得故，現若字形。或一切法離戰敵故，現社(上呼聲)字形。或一切法離我慢故，現吒字形。或一切法離養育故，現咤字形。或一切法離怨對故，現拏字形。或一切法離災變故，現荼字形。或一切法離如如故，現多字形。或一切法離住處故，現他字形。或一切法離施故，現那字形。或一切法界不可得故，現馱字形。或一切法勝義諦不可得故，現波字形。或諸法不堅如聚沫故，現頗字形。或一切法離繫縛故，現麼字形。或一切法諸觀不可得故，現婆字形。或一切法諸乘不可得故，現也字形。或一切法離一切塵故，現囉字形。或一切法無相故，現邏字形。或一切法離寂故，現奢字形。

或一切法本性鈍故，現沙字形。或一切法諦不可得故，現娑字形。或一切法離因故，現訶字形。

「祕密主！隨入此等一一三昧門。祕密主！觀是乃至三十二大人相等，皆從此中出仰壞拏曩莽等，於一切法自在而轉，此等隨現成就三藐三佛陀隨形好。」

百字真言法品第二十三

「復次，祕密主！於此三昧門以空加持，於一切法自在成就最正覺，是故此字即為本尊。」

而說偈言：

祕密主當知，　阿字第一句，　明法普周遍，　字輪以圍繞。
彼尊無有相，　遠離諸見相，　無相眾聖尊，　而現相中來。
聲從於字出，　字生於真言，　真言成立果，　諸救世尊說。
當知聲性空，　即空所造作，　一切眾生類，　如言而妄執。

非空亦非聲，　為修行者說，　入於聲解脫，　即證三摩地。
依法布相應，　以字為照明，　故阿字等類，　無量真言想。

說菩提性品第二十四

譬如十方虛空相，常遍一切無所依，如是真言救世者，於一切法無所依。
又如空中諸色像，雖可現見無依處，真言救世者亦然，非彼諸法所依處。
世間成立虛空量，遠離去來現在世，若見真言救世者，亦復出過三世法。
唯住於名趣，遠離作者等，虛空衆假名，導師所宣說。
名字無所依，亦復如虛空，真言自在然，現見離言說。
非火水風等，非地非日光，非月等衆曜，非晝亦非夜。
非生非老病，非死非損傷，非刹那時分，亦非年歲等。
亦非有成壞，劫數不可得，非淨染受生，或果亦不生。
若無如是等，種種世分別，於彼常勤修，求一切智句。

三三昧耶品第二十五

爾時執金剛祕密主白佛言：「世尊！所說三三昧耶，云何說此法為三三昧耶？」如是言已，世尊告執金剛秘密主言：「善哉！善哉！祕密主！汝問吾如是義。祕密主！汝當諦聽，善思念之，吾今演說。」

金剛手言：「如是，世尊！願樂欲聞。」

佛言：「有三種法相續，除障相應生，名三三昧耶。云何彼法相續生？所謂初心不觀自性，從此發慧如實智生，離無盡分別網，是名第二心菩提無分別正等覺句。祕密主！彼如實見已，觀察無盡眾生界，悲自在轉無緣觀菩提心生，所謂離一切戲論，安置眾生皆令住於無相菩提，是名三三昧耶句。

復次祕密主，　有三三昧耶。　最初正覺心，　第二名為法，
彼心相續生，　所謂和合僧。　此三三昧耶，　諸佛導師說，
若住此三等，　修行菩提行。　諸導門上首，　為利諸眾生，

當得成菩提，　三身自在輪。

「祕密主！三藐三佛陀安立教故，以一身加持，所謂初變化身。復次，祕密主！次於一身示現三種，所謂佛、法、僧。復次，祕密主！從此成立說三種乘，廣作佛事，現般涅槃，成熟衆生。祕密主！觀彼諸真言門修菩提行諸菩薩若解三等，於真言法則而作成就。彼不著一切妄執，無能為障礙者，除不樂*作、懈怠、無利談話、不生信心、積集資財者。復應不作二事，謂飲諸酒及寢床上。」

說如來品第二十六

爾時執金剛祕密主白世尊言：

云何為如來？　云何人中尊？
云何名菩薩？　云何為正覺？
導師大牟尼，　願斷我所疑，
菩薩大名稱，　棄捨疑慮心，
當修摩訶衍，　行王無有上。

爾時薄伽梵毘盧遮那觀察諸大會衆，告執金剛祕密主言：「善哉！善哉！金剛手！能問吾如是義。祕密主！汝當諦聽，善思念之，吾今演說摩訶衍道。」

頌曰：

菩提虛空相，離一切分別，樂求彼菩提，名菩提薩埵。

成就十地等，自在善通達，諸法空如幻，知此一切同，

解諸世間趣，故名為正覺。法如虛空相，無二惟一相，

成佛十智力，故號三菩提。唯慧害無明，自性離言說，

自證之智慧，故說名如來。

世出世護摩法品第二十七

「復次，祕密主！往昔一時，我為菩薩行菩薩行，住於梵世時，有梵天來問我言：『大梵！我等欲知火有幾種？』時我如是答言：

所謂大梵天，名我慢自然，次大梵天子，彼名簸嚩句。

世間之火初，其子名梵飯，子名畢怛囉，吠濕婆捺羅。

復生訶嚩奴，合毘嚩訶那，簸說三鼻覩及阿闥末拏。
彼子鉢體多，補色迦路陶，如是諸火天，次第以相生。
復次置胎藏，用忙路多火，欲後澡盥身，嚩訶忙囊火。
浴妻之所用，以普蘖盧火，若生子之後，用鉢伽蒲火。
為子初立名，用簸體無火，飲食時所用，當知戍脂火。
為子作髻時，應用殺毘火，次受禁戒時，三謨婆嚩火。
禁滿施牛時，用素哩耶火，童子婚媾時，以瑜赭迦火。
造作衆事業，跋那易迦火，供養諸天神，以簸嚩句火。
造房以梵火，惠施扇都火，縛羊之所用，阿縛賀寧火。
觸穢之所用，以微吠脂火，熟食之所用，以婆訶娑火。
拜日天時用，合微誓耶火，拜月天時用，所謂爾地火，
滿燒之所用，阿密栗多火，彼於息災時，用那嚕拏火，
作增益法時，訖栗旦多火。降伏怨對時，當以忿怒火，

召攝諸資財，用迦摩奴火。若梵燒林木，應用使者火，
所食令消化，用社咤路火，若授諸火時，所謂薄叉火，
海中有火名，縛拏婆目佉。劫燒盡時火，名曰瑜乾多，
為汝諸仁者，已略說諸火。修習韋陀者，梵行所傳讀，
此四十四種，爾時我宣說。復次祕密主！我於往昔時，
不知諸火性，作諸護摩事。彼非護摩行，非能成業果，
我復成菩提，演說十二火。智火最為初，名火因陀羅，
端嚴淨金相，增益施威力，焰鬘住三昧，當知智圓滿。
第二名行滿，普光秋月花，吉祥圓輪中，珠鬘鮮白衣。
第三摩嚕多，黑色風燥形。第四盧醯多，色如朝日暉。
第五沒嘌拏，多髭淺黃色，脩頸大威光，遍一切哀愍。
第六名忿怒，眇目霏烟色，聳髮而震吼，大力現四牙。
第七闍吒羅，迅疾備衆綵。第八迄灑耶，猶如電光聚。

第九名意生，　大勢巧色身。　第十羯攞微，　赤黑唵字印。
第十一火神梵本闕其名，十二謨賀那，　衆生所迷惑。　祕密主此等，
火色之所持，　隨其自形色，　藥物等同彼，　而作外護摩，
隨意成悉地，　復次於內心，　一性而具三。　三處合為一，
瑜祇內護摩，　大慈大悲心，　是謂息災法。　彼兼具於喜，
是為增益法，　忿怒從胎藏，　而造衆事業。　又彼祕密主，
如其所說處，　隨相應事業，　隨信解焚燒。
爾時金剛手白佛言：「世尊！云何火爐三摩地？云何而用散灑？云何順敷吉祥草？云何具緣衆物？」
如是說已。
爾時金剛手，　白佛言世尊，　云何火爐定？　云何用散灑？
順敷吉祥草，　云何具衆物？
佛告祕密主，　持金剛者言：　火爐如肘量，　四方相均等，

四節為緣界，周匝金剛印。藉之以生茅，繞爐而右旋，
不以末加本，應以本加末。次持吉祥草，依法而右灑，
以塗香華燈，次獻於火天。行人以一華，供養沒栗荼，
安置於座位，復當用灌灑，應當作滿施，持以本真言。
次息災護摩，或以增益法，如是世護摩，說名為外事。
復次內護摩，滅除於業生，了知自末那，遠離色聲等。
眼耳鼻舌身，及與語意業，皆悉從心起，依止於心王。
眼等分別生，及色等境界，智慧未生障，風燥火能滅。
燒除妄分別，成淨菩提心，此名內護摩，為諸菩薩說。

說本尊三昧品第二十八

爾時執金剛祕密主白佛言：「世尊！願說諸尊色像威驗現前，令真言門修菩薩行諸菩薩，觀緣本尊形故，即本尊身以為自身，無有疑惑而得悉地。」

如是說已，佛告執金剛祕密主言：「善哉！善哉！祕密主！汝能問吾如是義。善哉！諦聽！極善作意，吾今演說。」

金剛手言：「如是，世尊！願樂欲聞。」

佛言：「祕密主！諸尊有三種身，所謂字、印、形像。彼字有二種，謂聲及菩提心。印有二種，所謂有形、無形。本尊之身亦有二種，所謂清淨、非清淨。彼證淨身離一切相，非淨有想之身，則有顯形眾色。彼二種尊形成就二種事，有想故，成就有相悉地；無想故，隨生無相悉地。」

而說偈言：

佛說有想故，　樂欲成有相，　以住無想故，　獲無相悉地，

是故一切種，　當住於非想。

說無相三昧品第二十九

復次，薄伽梵毘盧遮那告執金剛祕密主言：「祕密主！彼真言門修菩薩行諸

菩薩，樂欲成就無相三昧，當如是思惟：想從何生？為自身耶？自心意耶？若從身生，身如草木瓦石，自性如是離於造作，無所識知因業所生，應當等觀同於外事。又如造立形像，非火、非水、非刃、非毒、非金剛等之所傷壞，或忿恚麁語而能少分令其動作；若以飲食、衣服、塗香、華鬘，或以塗香、旃檀、龍腦如是等類，種種殊勝受用之具，諸天世人奉事供給，亦不生喜。何以故？愚童凡夫於自性空形像自我分生，顛倒不實起諸分別，或復供養，或加毀害。祕密主！當如是住修身念，觀察性空。

「復次，祕密主！心無自性，離一切想故，當思惟性空。祕密主！心於三時求不可得，以過三世故，如是自性遠離諸相。祕密主！有心想者，即是愚童凡夫之所分別，由不了知有如是等虛妄橫計，如彼不實不生，當如是思念。祕密主！此真言門修菩薩行諸菩薩，證得無相三昧，由住無相三昧故，如來所說真語，親對其人常現在前。」

世出世持誦品第三十

「復次，祕密主！今說祕密持真言法：

一一諸真言，作心意念誦，出入息為二，常第一相應。
異此而受持，真言闕支分，內與外相應，我說有四種。
彼世間念誦，有所緣相續，住種子字句，或心隨本尊，
故說有攀緣，出入息為上。當知出世心，遠離於諸字，
自尊為一相，無二無取著，不壞意色像，勿異於法則。
所說三落叉，多種持真言，乃至眾罪除，真言者清淨，
如念誦數量，勿異如是教。」

囑累品第三十一

爾時世尊告一切眾會言：「汝今應當住不放逸。於此法門，若不知根性，不

應授與他人，除我弟子具標相者。我今演說，汝等當一心聽。若於吉祥執宿時生，志求勝事有微細慧，常念恩德生渴仰心，聞法歡喜而住，其相青白或白色，廣首長頸額廣平正，其鼻脩直面輔圓滿，端嚴相稱，如是佛子，應當殷勤而教授之。」

爾時一切具威德者咸懷慶悅，聞已頂受，一心奉持。是諸眾會，以種種莊嚴廣大供養已，稽首佛足，恭敬合掌，而說是言：「唯願於此法教，演說救世加持句，令法眼道遍一切處，久住世間。」

爾時世尊於此法門說加持句真言曰：

南麼三曼多勃馱喃一　薩婆他引勝勝二　怛𠸪二合怛𠸪二合三　顒顒四　達𠸪達𠸪五　娑他引二合　跛也娑他引二合　跛也六　勃馱薩底也二合嚩引七　達摩薩底也二合嚩引八　僧伽薩底也二合嚩引九　吽吽十　吠娜尾吠十一　莎訶十二

時佛說此經已，一切持金剛者及普賢等上首諸菩薩聞佛所說，皆大歡喜，信受奉行。

大毘盧遮那成佛神變加持經卷第六

大毘盧遮那成佛神變加持經卷第七

大唐天竺三藏善無畏共沙門一行譯

供養次第法中真言行學處品第一

稽首毘盧遮那佛，開敷淨眼如青蓮，我依大日經王說，供養所資衆儀軌。
為成次第真言法，如彼當得速成就，又令本心離垢故，我今隨要略宣說。
然初自他利成就，無上智願之方便，成彼方便雖無量，發起悉地由信解。
於滿悉地諸勝願，一切如來勝生子，彼等佛身真言形，所住種種印威儀，
殊勝真言所行道，及方廣乘皆諦信。有情信解上中下，世尊說彼證修法，
哀愍輪迴六趣衆，隨順饒益故開演。應當恭敬決定意，亦起勤誠深信心，

若於最勝方廣乘，知妙真言調伏行。隨善逝子所修習，無上持明別律儀，
解了具緣眾支分，得受傳教印可等。見如是師恭敬禮，為利他故一心住，
瞻仰猶如世導師，亦如善友及所親。發起殷勤殊勝意，供養給侍隨所作，
善順師意令歡喜，慈悲攝受相對時。稽首*諸勝善逝行，願尊如應教授我，
彼師自在而建立，大悲藏等妙圓壇。依法召入漫荼羅，隨器授與三昧耶，
道場教本真言印，親於尊所口傳授。獲勝三昧耶及護，爾乃應當如說行，
然此契經之所說，攝正真言平等行。哀愍劣慧弟子故，分別漸次之儀式，
於造勝利天中天，從正覺心所生子。下至世天身語印，入此真言最上乘，
*遵諸密行軌範者，皆當敬重不輕毀。以能饒益諸世間，是故勿生捨離心，
常應無間而繫念，彼等廣大諸功德。隨其力分相應事，悉皆承奉而供養，
佛聲聞眾及緣覺，說彼教門盡苦道，授學處師同梵行，一切勿懷毀慢心，
善觀時宜所當作，和敬相應而給侍。說彼教門盡苦道，授學處師同梵行，
一切勿懷毀慢心，善觀時宜所當作，和敬相應而給侍。不造愚童心行法，

不於諸尊起嫌恨，如世導師契經說，能損大利莫過瞋。一念因緣悉焚滅，
俱胝曠劫所修善，是故慇懃常捨離，此無義利之根本。淨菩提心如意寶，
滿世出世勝希願，除疑究竟獲三昧，自利利他因是生。故應守護倍身命，
觀具廣大功德藏，若身口意嬈衆生，下至少分皆遠離。除異方便多所濟，
內住悲心而現瞋，於背恩德有情類，常懷忍辱不觀過。又常具足大慈悲，
及與喜捨無量心，隨力所能法食施，以慈利行化群生。或由大利相應心，
為俟時故而棄捨，若無勢力廣饒益，住法但觀菩提心。佛說此中具萬行，
滿足*清白純淨法，以布施等諸度門，攝受衆生於大乘。令住受持讀誦等，
及與思惟正修習，智者制止六情根，常當寂意修等引。毀壞事業由諸酒，
一切不善法之根，如毒火刀霜雹等，故當遠離勿親近。又由佛說增我慢，
不應坐臥高妙床，取要言之具慧者，悉捨自損損他事。我依正三昧耶道，
今已次第略宣說，顯明佛說修多羅，令廣知解生決定。依此正住平等戒，
復當離於毀犯因，調習惡心及懈惰，妄念恐怖談話等。妙真言門覺心者，

如是正住三昧耶，當令障蓋漸消盡，以諸福德增益故。欲於此生入悉地，
隨其所應思念之，親於尊所受明法，觀察相應作成就。當自安住真言行，
如所說明次第儀，先禮灌頂傳教尊，請白真言所修業。智者蒙師許可已，
依於地分所宜處，妙山輔峯半巖間，種種龕窟兩山中。於一切時得安隱，
芰荷青蓮遍嚴池，大河涇川洲岸側，遠離人物衆憒鬧。篠葉扶疏悅意樹，
多饒乳木及祥草，無有蚊虻苦寒熱，惡獸毒蟲衆妨難。或諸如來聖弟子，
嘗於往昔所遊居，寺塔練若古仙室，當依自心意樂處。捨離在家絕諠務，
勤轉五欲諸蓋纏，一向深樂於法味，長養其心求悉地。又常具足堪忍慧，
能安饑渴諸疲苦，淨命善伴或無伴，當與妙法經卷俱。若順諸佛菩薩行，
於正真言堅信解，具淨慧力能堪忍，精進不求諸世間。常樂堅固無怯弱，
自他現法作成就，不隨餘天無畏依，具此名為良助伴。

增益守護清淨行品第二

彼作成就處所已，每日先住於念慧，依法寢息初起時，除諸無盡為障者，
是夜放逸所生罪，慇懃還淨皆悔除。寂根具悲利益心，誓度無盡眾生界，
如法澡浴或不浴，應令身口意清淨。次於齋室空靜處，散妙花等以莊嚴，
隨置形像勝妙典，或心思念十方佛。心目現觀諦明了，當依本尊所在方，
至誠恭敬一心住，五輪投地而作禮。歸命十方正等覺，三世*一切具三身，
歸命一切大乘法，歸命不退菩提眾。歸命諸明真實言，歸命一切諸密印，
以身口意清淨業，慇懃無量恭敬禮。

作禮方便真言曰：

唵一　南麼薩婆怛他引蘖多二　迦引耶嚩引吃質二合多三　播娜鑁無范反娜難迦嚕弭四

由此作禮真實言，即能遍禮十方佛，右膝著地合爪掌，思惟說悔先罪業。
我由無明所積集，身口意業造眾罪，貪欲恚癡覆心故，於佛正法賢聖僧，
父母二師善知識，以及無量眾生所，無始生死流轉中，具造極重無盡罪，
親對十方現在佛，悉皆懺悔不復作。

出罪方便真言曰：

唵一　薩婆播波薩怖二合吒二　娜訶曩伐折羅引二合也三　莎訶四

南無十方三世佛，三種常身正法藏，勝願菩提大心衆，我今皆悉正歸依。

歸依方便真言曰：

唵一　薩婆勃馱菩提薩怛鑁引二合二　設囉赦平蘖車弭三　伐折囉二合達麼四　頡唎二合五

我淨此身離諸垢，及與三世身口意，過於大海剎塵數，奉獻一切諸如來。

施身方便真言曰：

唵一　薩婆怛他引蘖多二　布闍鉢囉二合跛無竭反嘌多二合曩夜怛忙去二合難三　⿰口涅⿰口履夜二合哆夜弭四

薩婆怛他引蘖多室柘二合地底瑟咤勅限反二合多引五　薩婆怛他引蘖多若難謎阿引味設覩六

淨菩提心勝願寶，我今起發濟群生，生苦等集所纏繞，及與無知所害身，

救攝歸依令解脫，常當利益諸含識。

發菩提心方便真言曰：

唵一　菩提質多二　母多播引二合娜夜弭三

是中增加句言，菩提心離一切物，謂蘊界處能執所執捨故。法無有我，自心平等，本來不生，如大空自性。如佛世尊及諸菩薩發菩提心乃至菩提道場，我亦如是發菩提心（此增加句亦同真言當誦梵本）。

十方無量世界中，諸正遍知大海眾，種種善巧方便力，及諸佛子為群生，
諸有所修福業等，我今一切盡隨喜。

隨喜方便真言曰：

唵（一） 薩婆怛他（引）蘖多（二） 本（去）若（尼也反）若囊（三） 努暮捺那布闍迷伽參慕捺囉（二合四） 薩叵（二合）囉儜三麼曳（五） 𤙖（六）

我今勸請諸如來，菩提大心救世者，唯願普於十方界，恒以大雲降法雨。

勸請方便真言曰：

唵（一） 薩婆怛他（引）蘖多（二引） 睇灑儜布闍迷伽娑幕捺囉（二合三） 薩叵（二合）囉儜三麼曳（四） 𤙖（五）

願令凡夫所住處，速捨衆苦所集身，當得至於無垢處，安住清淨法界身。

奉請法身方便真言曰：

唵一　薩婆怛他引蘖多二　捺睇灑夜弭三　薩婆薩怛嚩二合係多引嘌他去二合耶四　達麼馱到薩𠻴他以反二合嚔嘌婆上二合　鞢覩五

所修一切衆善業，利益一切衆生故，我今盡皆正迴向，除生死苦至菩提。

迴向方便真言曰：

唵一　薩婆怛他引蘖多二　唕哩也二合怛囊布闍迷伽參慕捺囉二合三　薩叵二合囉儜三麼曳四　𤙖五

復造所餘諸福事，讀誦經行宴坐等，為令身心遍清淨，哀愍救攝於自他。

心性如是離諸垢，身隨所應以安坐，次當結三昧耶印，所謂淨除三業道。

應知密印相，　諸正遍知說，　當合定慧手，　並建二空輪，

遍觸諸支分，　誦持真實語。

入佛三昧耶明曰：

南麼薩婆怛他引蘖帝驃一　微濕嚩二合目契嚩二　唵阿三迷三　呾㘑二合三迷四　三麼

曳五平　莎訶六

纔結此密印，能淨如來地，地波羅蜜滿，成三法道界，
所餘諸印等，次第如經說。真言者當知，所作得成就，
次結法界生，密慧之幖幟，淨身口意故，遍轉於其身。
般若三昧手，俱作金剛拳，二空在其掌，風*輪皆正直，
如是名法界，清淨之祕印。

法界生真言曰：

南麼三曼多勃馱喃一　達摩馱睹二　薩嚩二合婆嚩句痕三

如法界自性，而觀於自身，或以真實言，三轉而宣說。
當見住法體，無垢如虛空，真言印威力，加持行人故。
為令彼堅固，觀自金剛身，結金剛智印，止觀手相背。
地水火風輪，左右互相持，二空各旋轉，合於慧掌中。
是名為法輪，最勝吉祥印，是人當不久，同於救世者。

真言印威力，　成就者當見，　常如寶輪轉，　而轉大法輪。

金剛薩埵真言曰：

南麼三曼多伐折囉合二赧一　伐折囉合引二咀麼合二句痕二

誦此真言已，　當住於等引，　諦觀我此身，　即是執金剛。

無量天魔等，　諸有見之者，　如金剛薩埵，　勿生疑惑心。

次以真言印，　而擐金剛甲，　當觀所被服，　遍體生焰光。

用是嚴身故，　諸魔為障者，　及餘惡心類，　覩之咸四散。

是中密印相，　先作三補吒，　止觀二風輪，　糺持火輪上。

二空自相並，　而在於掌中，　誦彼真言已，　當觀無垢字。

金剛甲冑真言曰：

南麼三曼多伐折囉合二赧一　唵二　伐折囉合二迦嚩遮三　合牛四

囉字色鮮白，　空點以嚴之，　如彼髻明珠，　置之於頂上。

設於百劫中，　所積衆罪垢，　由是悉除滅，　福慧皆圓滿。

彼真言曰：

南麼三曼多勃馱喃 囕

真言同法界，無量衆罪除，不久當成就，住於不退地。

一切觸穢處，當加此字門，赤色具威光，焰鬘遍圍繞。

次為降伏魔，制諸大障故，當念大護者，無能堪忍明。

無堪忍大護明曰：

南麼薩婆怛他(引)蘖帝喋 薩婆佩也微蘖帝喋(二) 微濕嚩(二合)目契弊薩婆他(引三) 唅欠(四) 囉吃灑(二合)摩訶(引)沫麗(五) 薩婆怛他(引)蘖多奔抳也(二合)𡅏社帝(六) 吽吽(七) 呾囉(引二合) 吒(輕)呾囉(二合)吒(同上八) 阿鉢囉(二合)底訶諦(九) 莎訶(十)

由纔憶念故，諸毘那也迦，惡形羅剎等，彼一切馳散。

供養儀式品第三

如是正業淨其身，住定觀本真言主，以真言印而召請，先當示現三昧耶。

真言相應除障者，兼以不動慧刀印，稽首奉獻閼伽水，行者復獻真言座，
次應供養花香等，去垢亦以無動尊。辟除作淨皆如是，加持以本真言王，
或觀諸佛勝生子，無量無數衆圍繞。

右攝頌竟，下當次第分別說：

現前觀囉字，具點廣嚴飾，謂淨光焰鬘，赫如朝日暉。
念聲真實義，能除一切障，解脫三毒垢，諸法亦復然。
先自淨心地，復淨道場地，悉除衆過患，其相如虛空，
如金剛所持，此地亦如是。最初於下位，思惟彼風輪，
訶字所安住，黑光焰流布。

彼真言*曰：

南麼三曼多勃馱喃唅

次上安水輪，其色猶雪乳，嚩字所安住，頗胝月電光。

彼真言曰：

南麼三曼多勃馱喃鑁

復於水輪上，　觀作金剛輪，　想置本初字，　四方遍黃色。

彼真言曰：

南麼三曼多勃馱喃阿

是輪如金剛，　名大因陀羅，　光焰淨金色，　普皆遍流出。
於彼中思惟，　導師諸佛子，　水中觀白蓮，　妙色金剛莖。
八葉具鬚蘂，　衆寶自莊嚴，　常出無量光，　百千衆蓮繞。
其上復觀想，　大覺師子座，　寶王以校飾，　在大宮殿中。
寶柱皆行列，　遍有諸幢蓋，　珠鬘等交絡，　垂懸妙寶衣。
周布香花雲，　及與衆寶雲，　普雨雜花等，　繽紛以嚴地。
諧韻所愛聲，　而奏諸音樂，　宮中想淨妙，　賢瓶與閼伽。
寶樹王開敷，　照以摩尼燈，　三昧總持地，　自在之婇女。
佛波羅蜜等，　菩提妙嚴花，　方便作衆伎，　歌詠妙法音。

以我功德力，　如來加持力，　及以法界力，　普供養而住。

虛空藏轉明妃曰：

南麼薩婆怛他(引)蘖帝嘌(一)　微濕嚩(二合)目契弊(二)　薩婆他(三)　欠(四)　嗢蘖帝薩叵(二合)囉係門(五)　伽伽娜劍(六)　莎訶(七法應多誦)

由此持一切，　真實無有異，　作金剛合掌，　是則加持印，
一切法不生，　自性本寂故。　想念此真實，　阿字置其中，
次當轉阿字，　成大日牟尼。　無盡剎塵衆，　普現圓光內，
千界為增數，　流出光焰輪。　遍至衆生界，　隨性令開悟，
身語遍一切，　佛心亦復然。　閻浮淨金色，　為應世間故，
加趺坐蓮上，　正受離諸毒。　身被綃縠衣，　自然髮髻冠，
若釋迦牟尼，　彼中想婆字。　復轉如是字，　而成能仁尊，
勤勇袈裟衣，　四八大人相。

釋迦種子心曰：

南麼三曼多勃馱喃婆

字門轉成佛，　亦利諸衆生，　猶如大日尊，　瑜伽者觀察。
一身與二身，　乃至無量身，　同入於本體，　流出亦如是。
於佛右蓮上，　當觀本所尊，　左置執金剛，　勤勇諸眷屬。
前後花臺中，　廣大菩薩衆，　一生補處等，　饒益衆生者。
右邊花座下，　真言者所居，　若持妙吉祥，　中置無我字，
是字轉成身，　如前之所觀。

文殊種子心曰：

南麼三曼多勃馱喃瞞

若觀世自在，　或金剛薩埵，　慈氏及普賢，　地藏除蓋障，
佛眼并白處，　多利毘俱知。　忙莽商羯羅，　金輪與馬頭，
持明男女使，　忿怒諸奉教。　隨其所樂欲，　依前法而轉，
為令心喜故，　奉獻外香花，　燈明閼伽水，　皆如本教說。

不動以去垢，辟除使光顯，本法自相加，及護持我身。
結諸方界等，或以降三世，召請如本教，所用印真言，
及此普通印，真言王相應。

聖者不動尊真言曰：

南麼三曼多伐折羅(二合)赧(一) 戰拏摩訶嚕灑儜(上二) 薩破(二合)吒也(三) 𤙖 怛囉(二合)吒(四) 悍(引) 漫(引當誦三遍)

當以定慧手，皆作金剛拳，正直舒火風，虛空持地水。
三昧手為鞘，般若以為刀，慧刀入住出，皆在三昧鞘。
是則無動尊，密印之威儀，定手住其心，慧手普旋轉，
應知所觸物，即名為去垢。以此而左旋，因是成辟除，
若結方隅界，皆令隨右轉。所餘衆事業，滅惡淨諸障，
亦當如是作，隨類而相應。次以真言印，而請召衆聖，
諸佛菩薩說，依本誓而來。

召請方便真言曰：

南麼三曼多勃馱喃一　阿去急呼薩婆怛囉引二合鉢囉二合底訶諦二　怛他引蘗黨矩奢三　菩提淅𡅏耶二合鉢𡅏布囉迦四　莎訶應誦七遍

以歸命合掌，固結金剛縛，當令智慧手，直舒彼風輪。

俛屈其上節，故號為鉤印，諸佛救世者，以茲召一切。

安住十地等，大力諸菩薩，及餘難調伏，不善心衆生。

次奉三昧耶，具以真言印，印相如前說，諸三昧耶教。

三昧耶真言曰：

南麼三曼多勃馱喃一　阿三迷二　怛𡅏三迷三　三麼曳四　莎訶五應誦三遍

以如是方便，正示三昧耶，則能普增益，一切衆生類。

當得成悉地，速滿無上願，令本真言主，諸明歡喜故。

所獻閼伽水，先已具嚴備，用本真言印，如法以加持。

奉諸善逝者，用浴無垢身，次當淨一切，佛口所生子。

閼伽真言曰：

南麼三曼多勃馱喃一　伽伽娜三摩引三摩二　莎訶當誦二十五遍以不動尊印示之

次奉所敷座，具密印真言，結作蓮花臺，遍置一切處。

覺者所安坐，證最勝菩提，為得如是處，故持以上獻。

如來座真言曰：

南麼三曼多勃馱喃阿引多呼聲

其中密印相，定慧手相合，而普舒散之，猶如鈴鐸形。

二空與地輪，聚合以為臺，水輪稍相遠，是即蓮花印。

復次當辟除，自身所生障，以大慧刀印，聖不動真言。

當見同於彼，最勝金剛焰，焚燒一切障，令盡無有餘。

智者當轉作，金剛薩埵身，真言印相應，遍布諸支分。

金剛種子心曰：

南麼三曼多勃馱喃鍐

念此真實義，　諸法離言說，　以具印等故，　即同執金剛。
當知彼印相，　先以三補吒，　火輪為中鋒，　端銳自相合。
風輪以為鉤，　舒屈置其傍，　水輪互相交，　而在於掌內。

金剛薩埵真言曰：

南麼三曼多伐折囉(二合)赧(一)　戰拏摩訶(引)嚕灑赧(平二)　𤙖

或用三昧手，　作半金剛印，　或以餘契經，　所說之軌儀。
次當周遍身，　被服金剛鎧，　身語之密印，　前已依法說。
以佉字及點，　而置於頂上，　思惟此真言，　諸法如虛空。

彼真言曰：

南麼三曼多勃馱喃欠

應先住此字門，然後作金剛薩埵身。

次應一心作，　摧伏諸魔印，　智者應普轉，　真語共相應。
能除極猛利，　諸有惡心者，　當見遍此地，　金剛熾焰光。

降伏魔真言曰：

南麼三曼多勃馱喃(一) 摩訶(引)沫囉嚩嚂(二) 捺奢嚩路嗢婆(二合)吠(平三) 摩訶(引)昧怛囉也(合三) 毘庾(二合)嗢蘗(二合)嚂(四) 莎訶(五)

當以智慧手，而作金剛拳，正直舒風輪，加於白毫際。
如毘俱知形，是則彼幖幟，此印名大印，念之除衆魔。
纔結是法故，無量天魔軍，及餘為障者，必定皆退散。
次用難堪忍，密印及真言，而用結周界，威猛無能覩。

無能堪忍真言曰：

南麼三曼多勃馱喃(一) 三莽多弩蘗帝(二) 滿馱也徒瞞(三引) 摩訶三摩耶喱(去)闍(去)帝(四) 娑麼(二合)囉孀(五) 阿鉢囉(二合)嚂訶諦(六) 馱迦馱迦(七) 捺囉捺囉(八) 滿馱滿馱(九) 捺奢爾羶(十) 薩婆怛他(引)蘗多(引)弩壤帝(十一) 鉢囉(二合)嚩囉達摩臘馱微若曳(平十二) 薄伽嚩嚂(十三) 微矩囉微矩麗(十四) 麗魯補囉微矩麗(十五) 莎訶(當誦三遍十六)

或以第二略說真言曰：

南麼三曼多勃馱喃一 麗魯補囉微矩麗二 莎訶當誦七遍

先以三補吒， 風輪在於掌， 二空及地輪， 內屈猶如鉤。
火輪合為峯， 開散其水輪， 旋轉指十方， 是名結大界。
用持十方國， 能令悉堅住， 是故三世事， 悉能普護之。
或以不動尊， 成辦一切事， 護身處令淨， 結諸方界等。

不動尊種子心曰：

南麼三曼多伐折囉二合赧悍

次先恭敬禮， 復獻於閼伽， 如經說香等， 依法修供養。
復以聖不動， 加持此衆物， 結彼慧刀印， 普皆遍灑之。
是諸香花等， 所辦供養具， 數以密印灑， 復頻誦真言。
各說本真言， 及自所持明， 應如是作已， 稱名而奉獻。
一切先遍置， 清淨法界心， 所謂嚂字門， 如前所開示。

所稱名中塗香真言曰：

南麼三曼多勃馱喃一　微輸上馱健杜引納婆二合嚩二　莎訶當誦三遍

次說花真言曰：

南麼三曼多勃馱喃一　摩訶引昧呾囉也二三合　毘廋二合嗢蘗帝三　莎訶當誦三遍

次說焚香真言曰：

南麼三曼多勃馱喃一　達摩馱埵努蘗帝二　莎訶當誦三遍

次說然燈真言曰：

南麼三曼多勃馱喃一　怛他引蘗多引唎旨二合　薩叵二合囉僻嚩婆去娑娜三　伽伽猱陀哩耶二合四　莎訶當誦三遍

次說諸食真言曰：

南麼三曼多勃馱喃一　阿囉囉迦囉囉二　沫隣捺泥三　摩訶引沫履四　莎訶當誦三遍

及餘供養具，　所應奉獻者，　依隨此法則，　淨以無動尊。
當合定慧掌，　五輪互相叉，　是則持衆物，　普通供養印。
真言具慧者，　敬養衆聖尊，　復作心儀式，　清淨極嚴麗。

所獻皆充滿，平等如法界，此方及餘剎，普入諸趣中。
依諸佛菩薩，福德而生起，幢幡諸瓔蓋，廣大妙樓閣。
及天寶樹王，遍有諸資具，衆香花雲等，無際猶虛空。
各雨諸供物，供養成佛事，思惟奉一切，諸佛及菩薩。
以虛空藏明，普通供養印，三轉作加持，所願皆成就。

持虛空藏明增加句云：

依我功德力，及與法界力，一切時易獲，廣多復清淨。
大供莊嚴雲，依一切如來，及諸菩薩衆，海會而流出。
以一切諸佛，菩薩加持故，如法所修事，積集諸功德。
迴向成悉地，為利諸衆生，以如是心說，願明行清淨。
諸障得消除，功德自圓滿，隨時修正行，是則無定期。
若諸真言人，此生求悉地，先依法持誦，但作心供養。
所為既終竟，次經於一月，具以外儀軌，而受持真言。

又以持金剛，殊勝之諷詠，供養佛菩薩，當得速成就。

執金剛阿利沙偈曰：

無等無所動，平等堅固法，悲愍流轉者，攘奪衆苦患。
普能授悉地，一切諸功德，離垢不遷變，無比勝願法。
等同於虛空，彼不可為喻，隙塵千萬分，尚不及其一。
恒於衆生界，成就果願中，於悉地無盡，故離於譬喻。
常無垢翳悲，依於精進生，隨願成悉地，法爾無能蔽。
作衆生義利，所及普周遍，照明恒不斷，哀愍廣大身。
離障無罣礙，行於悲行者，周流三世中，施與成就願。
於無量之量，令至究竟處，奇哉此妙法，善逝之所到。
唯不越本誓，授我無上果，若施斯願者，恒至殊勝處。
廣及於世間，能滿勝希願，不染一切趣，三界無所依。

右此偈即同真言當誦梵本。

誦持如是偈讚已，至誠歸命世導師，唯願衆聖授與我，慈濟有情之悉地。
復次為欲利他故，觀佛化雲遍一切，我所修福佛加持，普賢自體法界力。
坐蓮華臺往十方，隨順性欲導衆生，依諸如來本誓願，淨除一切內外障。
開現出世衆資具，如其信解充滿之，以我功德所莊嚴，及淨法界中出生。
如來神力加持故，成就衆生諸義利，備足諸佛之庫藏，出無盡寶不思議。
三誦虛空藏轉明，及密印相如前說，此真言乘諸學者，是故當生諦信心。
一切導師所宣說，不應誹謗生疑悔。

持誦法則品第四

如是具法供養已，起利無盡衆生心，稽首諸佛聖天等，住相應座入三昧。
四種靜慮之軌儀，能令內心生喜樂，以真實義加持故，當得真言成等引。
若作真言念誦時，今當次說彼方便，智者如先所開示，現前而觀本所尊。
於其心月圓明中，悉皆照見真言字，即應次第而受持，乃至令心淨無垢。

數及時分相現等，依隨經教已滿足，志求有相之義利，真言悉地隨意成。
是名世間具相行，四支禪門復殊異，行者應生決定意，先當一緣觀本尊。
持彼真言祕密印，自作瑜伽本尊像，如其色相威儀等，我身無二行亦同。
由住本地相應身，雖少福者亦成就，瑜伽勝義品中說，次應轉變明字門。
而以觀作本尊形，逮見身祕之幖幟，契經略說有二相，正遍知觀最為先。
次及菩薩聖天觀，妙吉祥尊為上首，亦依彼乘位而轉，以相應印及真言。

文殊種子所謂瞞字門，已於前品中說。

本尊三昧相應者，以心置心為種子，彼應如是自觀察，安住清淨菩提心。
衆所知識之形像，隨順彼行而勿異，當知聖者妙音尊，身相猶如欝金色。
頂現童真五髻相，左伐折羅在青蓮，以智慧手施無畏，或作金剛與願印。

文殊師利真言曰：

南麼三曼多勃馱喃一　係係俱摩囉迦二　微目吃呧合二鉢他悉體合二多三　薩麼合二囉薩麼合二囉四　鉢囉合二呧然五　莎訶六

合定慧手虛心掌，火輪交結持水輪，二風環屈加大空，其相如鉤成密印，
而用遍置自支分，爾乃修行衆事業。當知諸佛菩薩等，轉字瑜伽亦復然，
或餘經說真言印，如是用之不違背。或依彼說異儀軌，或以普通三密門，
若能解了旋轉者，諸有所作皆成就。

普通種子心曰：

南麼三曼多勃馱喃迦

契經所說迦字門，一切諸法無造作，當以如是理光明，而觀此聲真實義。
真陀摩尼寶王印，定慧五輪互相交，金剛合掌之標式，普通一切菩薩法。

一切諸菩薩真言曰：

南麼三曼多勃馱喃一　薩婆他二　微沫呧三　微枳羅儜四上　達摩馱睹涅闍多五　叅叅訶六　莎訶七

佉字含衆色，增加大空點，如前所宣說，置之於頂上。
當得等虛空，說諸法亦然，復於其首內，想念本初字。

純白點嚴飾，最勝百明心，眼界猶明燈，大空無垢字。
住於本尊位，正覺當現前，乃至諦明了，應當如是見。
又觀彼心處，圓滿淨月輪，炳現阿字門，遍作金剛色。
說聲真實義，諸法本無生，於中正觀察，皆從此心起。
聲字如花鬘，煇焰自圍繞，其光普明淨，能破無明窟。
迦字以為首，或復餘字門，皆當修是法，念以聲真實。
或所持真言，環列在圓明，單字與句因，隨息而出入。
或修意支法，應理如等引，緣念成悉地，普利衆生心。
方洒作持誦，懈極然後已，或以真言字，運布心月中。
隨其深密意，思念聲真實，如是受持者，復為一方便。
諸有修福聚，成就諸善根，當習意支法，無有定時分。
若樂求現法，上中下悉地，應以斯方便，先作心受持。
正覺諸世尊，所說法如是，或奉香花等，隨力修供養。

是中先持誦法略有二種：一者、依時故，二者、依相故。時謂所期數滿及定時日月限等，相謂佛塔圖像出生光焰音聲等，當知是真言行者罪障淨除之相也。彼如經所說：先作意念誦已，復持滿一落叉，從此經第二月乃修具支方便，然後隨其本願作成就法。若有障者，先依現相門以心意持誦，然後於第二月具支供養，應如是知。

復為樂修習，　如來三密門，　經于一月者，　次說彼方便。
行者若持誦，　大毘盧遮那，　正覺真言印，　當依如是法。

大日如來種子心曰：

南麼三曼多勃馱喃阿

阿字門，所謂一切法本不生故，已如前說。

是中身密印，　正覺白毫相，　慧手金剛拳，　而在於眉間。

如來毫相真言曰：

南麼三曼多勃馱喃一　阿去聲急呼痕若急呼

如前轉阿字，而成大日尊，法力所持故，與自身無異。
住本尊瑜伽，加以五支字，下體及臍上，心頂與眉間。
於三摩呬多，運相而安立，以依是法住，即同牟尼尊。
阿字遍金色，用作金剛輪，加持於下體，說名瑜伽座。
鑁字素月光，在於霧聚中，加持自臍上，是名大悲水。
囕字初日暉，形赤在三角，加持本心位，是名智火光。
唅字劫災焰，黑色在風輪，加持白毫際，說名自在力。
佉字及空點，相成一切色，加持在頂上，故名為大空。

此五種真言心第二品中已說又此五偈傳度者頗以經意足之使文句周備也。

五字以嚴身，威德具成就，熾然大慧炬，滅除眾罪業。
天魔軍眾等，及餘為障者，當見如是人，赫奕同金剛。
又於首中置，百光遍照王，安立無垢眼，猶燈明顯照。
如前住瑜伽，加持亦如是，智者觀自體，等同如來身。

心月圓明處，　聲鬘與相應，　字字無間斷，　猶如韻鈴鐸。
正等覺真言，　隨取而受持，　當以此方便，　速得成悉地。
復次若觀念，　釋迦牟尼尊，　所用明字門，　我今次宣說。

釋迦種子，所謂婆字門，已於前品中說。

是中聲實義，　所謂離諸觀，　彼佛身密印，　以如來鉢等。
當用智慧手，　加於三昧掌，　正受之儀式，　而在於臍輪。

釋迦牟尼佛真言曰：

南麼三曼多勃馱喃一　薩婆吃麗二合奢喔素捺那二　薩婆達摩嚩始多引鉢囉二合引鉢多二合三　伽伽娜三摩引三摩四　莎訶五

如是或餘等正覺密印真言，各依本經所用，亦當如前方便，以字門觀轉作本尊身，住瑜伽法運布種子，然後持誦所受真言。若依此如來行者，當於大悲胎藏生漫荼羅王，得阿闍梨灌頂，乃應具足修行，非但得持明灌頂者之所堪也。其四支禪門方便次第，設餘經中所說儀軌有所虧缺，若如此法修之，得離諸過。以本尊歡喜故，增其威勢，功德隨生。又持誦畢已，輒用本法而護持之，雖餘經有不說者，亦當通用此意，令修行人速得成就。

復次本尊之所住，漫荼羅位之儀式，如彼形色壇亦然，依此瑜伽疾成就。
當知悉地有三種，寂災增益降伏心，分別事業凡四分，隨其物類所當用，
純素黃赤深玄色，圓方三角蓮華壇。北面勝方住蓮座，淡泊之心寂災事，
東面初方吉祥座，悅樂之容增益事，西面後方在賢座，喜怒與俱攝召事，
南面下方蹲踞等，忿怒之像降伏事。若知祕密之幖幟，性位形色及威儀，
奉花香等隨所應，皆當如是廣分別，淨障增福圓滿等，捨處遠遊摧害事。
真言之初以唵字，後加莎訶寂災用，若真言初以唵字，後加𤙖發攝召用，
初後納麼增益用，初後𤙖發降伏用，𤙖字發字通三處，增其名號在中間。
如是分別真言相，智者應當悉知解。

真言事業品第五

爾時真言行者隨其所應如法持誦已，復當如前事業而自加持，作金剛薩埵身，思惟佛菩薩衆無量功德，於無盡衆生界興大悲心，隨其所有資具而修供養。供養已，又當一心合掌，以金剛諷誦及餘微妙言辭，稱歎如來真實功德。

次持所造衆善迴向發願，作如是言：「如大覺世尊所證知解了，積集功德迴向無上菩提，我今亦復如是，所有福聚與法界衆生共之，咸使度生死海，成遍知道自利利他法皆滿足，依於如來大住而住，非獨為己身故求菩提也。乃至往返生死，濟諸衆生，同得一切種智以來，常當修集福德智慧，不造餘業，願我等得到第一安樂，所求悉地離諸障礙，一切圓滿故。」

復更思惟：「令我速當具足若內若外種種清淨妙寶而自莊嚴，相續無間普皆流出。以是因緣故，能滿一切衆生所有希願。」

右略說如是。若廣修行者，當如普賢行願及餘大乘修多羅所說，以決定意而稱述之，或云：「如諸佛菩薩自所證知，興大悲願，我亦如是發願也。」

次當奉獻閼伽作歸命合掌，置之頂上，思惟諸佛菩薩真實功德，至誠作禮而說偈言：

諸有永離一切過，無量功德莊嚴身，一向饒益衆生者，我今悉皆歸命禮。

次當啟白衆聖說是偈言：

現前諸如來，救世諸菩薩，不斷大乘教，到殊勝位者。

唯願聖天衆，決定證知我，各當隨所安，後復垂哀赴。

次當以三昧耶真言密印於頂上解之，而生是心：諸有結護加持，皆令解脫。以此方便故，先所奉請諸尊各還所住，不為無等大誓之所留止也。復用法界本性加持自體，思惟淨菩提心而住金剛薩埵身，是中明印第二品中已說。若念誦竟，以此三印持身，所有真言行門終畢，法則皆悉圓滿。

又應如前方便，觀法界字以為頂相，彼服金剛甲冑，由斯祕密莊嚴故，即得如金剛自性，無能沮壞之者。諸有聞其音聲，或見、或觸，皆必定於阿耨多羅三藐三菩提，一切功德皆悉成就，與大日世尊等無有異也。

次復起增上心，修行殊勝事業。於清淨處嚴以香花，先令自身作觀世音菩薩，或住如來自性，依前方便，以真言密印加持。然後以法施心，讀誦大乘方廣經典，或以心誦而請諸天神等令聽受之，如所說偈言：

金剛頂經說，觀世蓮花眼，即同一切佛，無盡莊嚴身。
或以世導師，諸法自在者，隨取一名號，作本性加持。

觀自在種子心曰：

南麼三曼多勃馱喃娑(呼急)

字門真實義，諸法無染著，音聲所流出，當作如是觀。
此中身密相，所謂蓮花印，如前奉敷座，我已分別說。

次說觀自在真言曰：

南麼三曼多勃馱喃(一) 薩婆怛他(引)蘖多嚩路吉多(二) 羯嚕拏麼也(三) 囉囉囉𤙖若(短聲)(四) 莎訶(五)

前以法界心字置之在頂，又用此真言密印相加，隨力所堪，讀誦經法，或造制底、漫荼羅等。所為已畢，次從座起，以和敬相應接諸人事。又為身輪得支持故，次行乞食。或檀越請，或僧中所得，當離魚肉*葷菜，及供養本尊諸佛之餘，乃至種種殘宿不淨，諸酒木果等漿可以醉人者，皆不應飲噉。

次奉摶食用獻本尊，又作隨意食法。若故有餘，更出少分，為濟飢乏乞求故，當生是心：「我為任持身器安隱行道受是段食，如膏車轄令不敗傷有所至到，不應以滋味故增減其心。」及生悅澤嚴身之相，然後觀法界心字，遍淨諸食，以事業金剛加持自身，是中種子如鑁字真言所說。

復誦施十力明八遍，方乃食之，說此明曰：

南麼薩婆勃馱菩提薩埵喃一　唵麼蘭捺泥去帝孺忙栗寧二　莎訶三

如是住先成就本尊瑜伽。飯食訖已，所餘觸食，以成辦諸事真言心，供養所應食者，當用不空威怒增加聖不動真言，當誦一遍，受者歡喜，常隨行人而護念之。彼真言曰：

南麼三曼多伐折囉(二合引)赧(一)　怛囉(二合)吒(輕)阿謨伽(二)　戰拏摩訶嚕灑儜(上三)　娑破(二合)吒野𤙖(四)　怛囉(二合)麼野怛囉(二合)麼野(五)　𤙖怛囉(二合)吒(輕)悍漫(六)

彼食竟，休息少時，復當禮拜諸佛，懺悔眾罪。為淨心故，如見循修常業，乃至依前讀誦經典，恒依是住，於後日分亦復如是。初夜後夜思惟大乘無得間絕，至中夜分，以事業金剛，如前被金剛甲敬禮一切諸佛大菩薩等，次當運心如法供養，而作是念：「我為一切眾生，志求大事因緣故，應當愛護是身。」少時安寢，非為貪著睡眠之樂，先當正身威儀，重累二足，右脇而臥，若支體疲懈者，隨意轉側無咎。為令速寤，常當係意在明，又復不應偃臥床上。次於餘日亦如是行之。

持真言者，以不虧法則無間勤修故，得真言門修菩薩行之名號也。若於數時相現等持誦法中，作前方便乃至具修勝業猶不成就者，應自警悟倍加精進，勿得生下劣想，而言是法非我所堪。如是展其志力，自利利他，常不空過，以行者勤誠不休息故。眾聖玄照其心，則蒙威神建立得離諸障，是中有二事不應捨離，謂不捨諸佛菩薩及饒益無盡眾生心。恒於一切智願心不傾動，以此因緣必定得成隨類悉地也。

常依內法而澡浴，不應執著外淨法，於觸食等懷疑悔，如是皆所不應為。
若為任持是身故，隨時盥沐除諸垢，於河流等如法教，與真言印共相應。
以法界心淨諸水，隨用不動降三世，真言密印護方等，住於本尊自性觀。
復當三轉持淨土，恒以一心正思惟，念聖不動真言等，智者默然應澡浴。

淨法界心及不動尊種子、刀印，皆如前說。

降三世種子心曰：

南麼三曼多伐折囉引二合赧涸

此中訶字門，聲理如前說，少分差別者，所謂淨除相。
降伏三界尊，身密之儀式，當用成事業，五智金剛印。

次說降三世真言曰：

南麼三曼多伐折囉引二合赧一　訶訶訶二　微薩麼二合曳平三　薩婆怛他引蘖多微灑也三

婆嚩四　怛囇合二路枳也合二微若也五　𤙖若六急呼　莎訶七

如是澡浴灑淨已，具三昧耶護支分，思惟無盡聖天衆，三奉掬水而獻之。
為淨身心利他故，敬禮如來勝生子，遠離三毒分別等，寂調諸根詣精室。
或依水室異方便，心住如前所制儀，自身三等為限量，為求上中下法故。
行者如是作持誦，所有罪流當永息，必定成就摧諸障，一切智句集其身。
彼依世間成就品，或復餘經之所說，供養支分衆方便，如其次第所修行，
未離有為諸相故，是謂世間之悉地。次說無相最殊勝，具信解者所觀察，
若真言乘深慧人，此生志求無上果。隨所信解修觀照，如前心供養之儀，
及依悉地流出品，出世間品瑜伽法。彼於真實緣生句，內心支分離攀緣，
依此方便而證修，常得出世間成就。

如所說優陀那偈言：

甚深無相法，　劣慧所不堪，　為應彼等故，　兼存有相說。

右阿闍梨所集大毘盧遮那成佛神變加持經中供養儀式具足竟。傳度者頗存會

意，又欲省文故，刪其重複真言，旋轉用之，修行者當綜括上下文義耳。

大毘盧遮那成佛神變加持經卷第七

南無護法韋馱尊天菩薩

《大日經》講授緣起

一場覺明之夢

洪啟嵩禪師講授《大日經》緣起於二〇〇五年的一場覺明之夢。

二〇〇五年某日，洪老師在午休時，他清楚明白地看見佛陀向自己走來。佛陀拿了一個上頭刻著「麒麟」兩個字的木牌送給他。麒麟是中國傳說中的仁獸，據說於太平盛世或聖人出世時才會出現，像是孔子出生前及逝世前，都相傳曾出現過麒麟。

洪老師收下了佛陀的禮物，心想也應回贈佛陀禮物，於是敬奉一幅長寬各一百公尺的大畫給佛陀；佛陀也怡然收下了。既然在覺明之夢中送給了佛陀一幅大畫，醒後，洪老師認為已經答應佛陀，就要實現。然而長寬一百公尺的大畫，又豈是容易之事。為了完成這個超越人類體能及技術極限的承諾，洪老師隨即開始了長達十多年的大畫實驗……（更多資訊請上【世紀大佛】 http://www.greatbuddha.org/）

世紀大佛誕生　緣起不可思議

二〇一八年洪老師歷時十七年，終於完成了佛前許下的願，完成一幅長 166 公尺、寬 72.5 公尺的釋迦牟尼佛立像。這幅世紀大佛在「二〇一八地球心靈文化節」於高雄展覽館展出時，引起各界極大震撼與共鳴。這場殊勝的法界盛會與種下的福德因緣，成就了接續覺性運動的緣起。

《大日經》講授　建構地球曼荼羅

開啟真如，契入大日如來之心，即身成佛

世紀大佛繪的是釋迦牟尼佛，亦是清淨法身毗盧遮那佛（大日如來）的化身。這幅曠世鉅作，象徵地球壇城的本尊。然而，本尊已現，壇城又在何處呢？關鍵在於《大日經》。《大日經》為密教二大根本聖典之一，也是東密地位最崇高的大乘經典，更是空海大師即身成佛義依止經典。

閱藏豐富的洪啟嵩老師說：《大日經》其實是無上密，是大圓滿教法。大佛既已現世，講解《大日經》密意，讓更多具福之人契入大圓滿教法，成就大日如來。以此建構地球曼荼羅（壇城），讓地球成為宇宙無量星海中的覺性中心，方為上報佛恩。

因此，洪老師決意耗時一年一百小時講解《大日經》，並於其中傳授於大佛現身後，源源不斷流露出的密法。每位聽法者，皆是受灌頂的聖眾，每次上課不啻一次甚深大圓滿法的修鍊；並可帶領自己的眷屬，一起進入大日如來的曼明之中。依此不可思議功德，消除諸災障病苦，晝夜吉祥，速成佛果。

因為殊勝空前，也希望每位聞法眾與其眷屬皆獲得無漏的福慧，所以必須嚴謹。因此每位聞法眾皆需加行，洪老師皆會口傳十個真言，除了第一真言為「大輪金剛陀羅尼」（屬灌頂修法許可），其餘九真言皆為《大日經》所出。由此可見，這非是一般解經，而是實修灌頂。

地表最大曼陀羅

此外，於講經期間，洪老師將同時恭繪史上最大——一百平方公尺（長、寬各十公尺）的胎藏界、金剛界兩大曼陀羅。所以聞法眾皆與洪老師一同成就此地球壇城之縮圖。其功德殊勝非常，史上絕無僅有。

《大日經》功德利益

聽講《大日經》殊勝難得，除了聽聞、受持經教的不可思議功德利益，讓福慧念念增長，還能與諸上善人、善知識常聚；更蒙諸龍天護法善神庇佑。而越多人學法獲益，產生的強大清淨意識場，更能療癒受創的地球，促使人心祥和，人間平安幸福，成就淨土人間。

《大日經》五十講

講　授　洪啟嵩禪師

上課時間　二〇一八年九月二十九日起，每週六晚間七點至九點

上課地點　心學堂

上課時數　五十堂課（一百小時）為期一年。（遇連假或颱風等停課，將於臉書、line@上公佈）

三階學習方式

1 現場聽課（海外遠地之學人，可選擇網路視訊上課）

2 課後線上影片複習。

3 每週上課前半小時，龔玲慧老師會複習上週洪老師課堂傳授的實修密法。

護持道場　單　堂　課：1,000元

全年精進價：30,000元（一次繳清；若欲分期，可向心學堂索取分期表填寫，由銀行帳戶分12期代扣）

註一：繳交精進價者，五十堂課後加開的堂數，皆可免費繼續。

註二：中途插班，後面的堂數 × 700元（若要連前面的課一起補修，則等同精進價）

加碼贈禮　贈教材二本：《大日經》、《守護佛菩薩・大日如來》

前一百名報名者：加贈《佛教小百科：胎藏界曼荼羅》全套三冊

付款方式

1 到禪堂支付。

2 匯款帳戶：合作金庫，代號 006，大坪林分行
帳號：3199-717-004-291　戶名：台灣覺性地球協會
（匯款後來信或來電，告知工作人員您的姓名、帳號後五碼）

報名連結

http://bit.ly/大日經報名

聯絡方式

地址：心學堂・新北市新店區民權路 108 之 3 號 10 樓
電話：（02）2219-8189　傳真：（02）2218-0728
mail：bosa1997@gmail.com
官網：http://heartea.com.tw

我們搬遷擴大經營囉！

為了讓更多學員有更舒適的學習空間，我們搬遷至：

新北市新店區民權路一〇八之三號十樓

江陵國際企業大樓後棟十樓

大坪林捷運站一號出口，步行七分鐘

★二〇一八年九月起，我們將以新的面貌與您相見！

心學堂——心茶堂×心書房×心禪堂

心學堂，有心香、書香、茶香、咖啡香，匯集心靈書店、藝廊、禪修養生等多元功能的人文空間。地點於交通便利的大坪林捷運站附近，希望提供繁忙的現代心靈一處休憩放鬆之地。在這靜謐優雅的空間，可與大師學習，也可與自己對話。

★更多活動與優惠訊息請上：

f 臉書：覺性會館．心茶堂、心學堂 line@：

ID：@qan8300s

★心學堂 line@ 首加禮：

加入後，並回覆任一貼圖，即送洪啟嵩老師親筆「真言種子字」圖片一張，此圖可放在手機桌面或當大頭貼，出入平安，自利利他。

（限量活動：來茶堂現場掃描即獲種子字貼紙一張20枚）

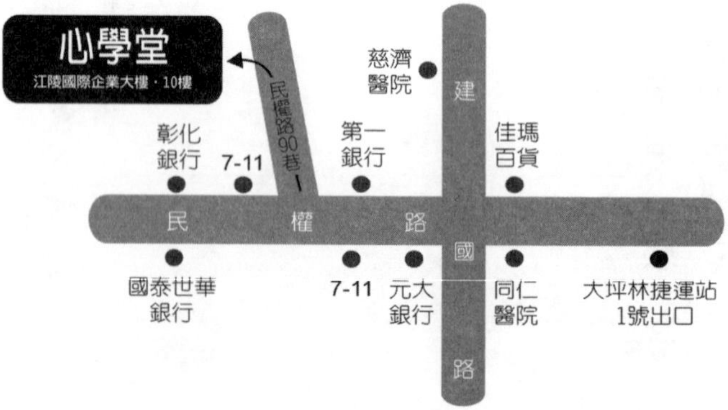

相關書籍推薦

大日如來——密教之主

定價：二五〇元
規格：平裝

大日如來，是密教最根本的本尊，他的智慧光明能遍照一切處，開啟我們本具的佛性智慧，護佑我們遠離黑暗的無明煩惱，除去慳貪邪見等，一切障難自然消滅，獲得自在如意、慈悲智慧圓滿。

大日如來（毘盧遮那佛）大悲示現種種化身護佑著我們，以如來的智慧光明，照耀遍滿著一切世界，照破眾生無明黑暗的煩惱；並隨著我們根器的不同，善巧地開導教化著我們，加持我們成辦世間、出世間的事業成就，並守護我們一切吉祥如意，直至清淨的菩提大道。

本書的內容圖文並茂，將毘盧遮那佛過去生的故事，以及清淨莊嚴的密教淨土、蓮華藏世界，一一呈現在讀者面前。書中並介紹讀者如何在日常生活中，祈請大日如來（毘盧遮那佛）守護的方法，加持我們如同大日尊一般，具足清淨無礙的身心，遠離一切煩惱與執著，圓滿成就如來的智慧與慈悲的心意。

04
Buddha Family
守護佛菩薩

本系列書籍，讓您將「吉祥幸運」隨時放在身邊。每一位佛菩薩，只要我們虔誠地祈請、禮拜修持，都能吉祥守護我們的人生。不論是在事業、學業、工作、健康、婚姻、人際關係等方面的運氣，都能獲得守護與改善。

相關有聲書籍推薦

大日經的修鍊

定價：三五〇元
規格：三片光碟

一、時空中的佛陀與修法上的佛陀
　　顯教佛陀與密續佛陀的差異
二、密法在佛教教學中的特色
三、大悲胎藏本具佛性／本覺之道
四、五方佛／金剛界與胎藏界
五、菩提心為因，悲為根本，方便為究竟
六、如實知自心
七、大悲胎藏發生三摩地
八、一體速疾力三昧
九、阿字觀
十、三密相應／唱誦的密義
十一、摩訶毘盧遮那佛與金剛法界宮在何處？

〈經典修鍊的十二堂課—觀自在人生的十二把金鑰〉有聲書，由洪啟嵩老師，親自講授《心經》、《圓覺經》、《維摩詰經》、《觀無量壽經》、《藥師經》、《金剛經》、《楞嚴經》、《法華經》、《華嚴經》、《大日經》、《地藏經》、《六祖壇經》等十二部佛法心要經典，在智慧妙語提綱挈領中，接引讀者進入般若經典的殿堂。

相關書籍推薦

實用佛經修持方法4

《大日經》
《地藏菩薩本願經》
《觀普賢菩薩行法經》
《彌勒菩薩所問本願經》

本書選輯了《大日經》、《地藏菩薩本願經》、《觀普賢菩薩行法經》、《彌勒菩薩所問本願經》等常見經典，除了解說經中的心要之外，並將其總攝為修持法軌，讓讀者深入佛法的智慧心髓，進而能在每天的生活中時時總攝修持，是最佳實用佛經修持叢書！

定價：二九〇元
規格：平裝

此系列套書一共四冊，選輯出佛教中常見的重要經典共18部，依止「佛經即生活，生活即佛經」的理念，讓讀者除了早晚課的時間之外，更進一步能以佛法的智慧作為人生的明燈，隨時隨地生活在佛法之中，自覺光明，慈悲圓滿。

全套四冊定價 1320元

佛法常行經典9

《大日經》

主　編　洪啟嵩
封面畫作　洪啟嵩
封面設計　張育甄
出　版　全佛文化事業有限公司
訂購專線：(02)2913-2199
傳真專線：(02)2913-3693
發行專線：(02)2219-0898
匯款帳號：3199717004240 合作金庫銀行大坪林分行
戶　名：全佛文化事業有限公司
E-mail:buddhall@ms7.hinet.net
http://www.buddhall.com
門　市　心學堂・新北市新店區民權路108之3號10樓
門市專線：(02)2219-8189
行銷代理　紅螞蟻圖書有限公司
台北市內湖區舊宗路二段121巷19號（紅螞蟻資訊大樓）
電話：(02)2795-3656
傳真：(02)2795-4100
二版一刷　二〇一八年九月
定　價　新台幣三〇〇元
ISBN 978-986-96138-2-8（平裝）

Published by BuddhAll Cultural Enterprise Co.,Ltd.

國家圖書館出版品預行編目資料

大日經 / 洪啟嵩主編
-- 二版.--新北市：全佛文化, 2018.09
面；　公分. －(佛法常行經典；9)

ISBN 978-986-96138-2-8(平裝)

1.密教部
221.91　　107014561

BuddhAll

BuddhAll.

All is Buddha.

BuddhAll